KB130334

가짜부모
진짜부모

가자부모
진짜부모

초판 1쇄 발행 2016년 1월 1일
    2쇄 발행 2016년 3월 1일
    3쇄 발행 2016년 9월 9일

지 은 이   옥복녀
발 행 인   권선복
편   집   김정웅
디 자 인   이현자
마 케 팅   권보송
전 자 책   천훈민
발 행 처   행복한 에너지
출판등록   제315-2013-000001호
주   소   (157-010) 서울특별시 강서구 화곡로 232
전   화   0505-613-6133
팩   스   0303-0799-1560
홈페이지   www.happybook.or.kr
이 메 일   ksbdata@daum.net

값 15,000원
ISBN 979-11-86673-30-0   03330
Copyright ⓒ 옥복녀, 2016

행복한 에너지는 독자 여러분의 아이디어와 원고 투고를 기다립니다. 책으로 만들기를 원하
는 콘텐츠가 있으신 분은 이메일이나 홈페이지를 통해 간단한 기획서와 기획의도, 연락처
등을 보내주십시오. 행복한 에너지의 문은 언제나 활짝 열려 있습니다.

가짜 부모가 평생 진짜 부모 되어 살아갈 수 있는
부모교육의 마스터키, **부모의 행복안내서** ♥

가짜부모
진짜부모

옥복녀
지음

행복한 에너지

자녀가
더
부모를
포기하지 않는다

딸아이 5살, 난 30살 갓 되었을 때였다. 남편이 너무 일찍 돌아가셨다. 준비 안 된 죽음 앞에 너무나 당황스러웠다. 신이 나를 버렸다고 생각했다. 나도 나를 버리기로 했다. 아니 자학했다. 그렇게 5년간 나를 방치했더니 심한 우울증 환자가 되었고 알콜중독자의 삶을 살고 있었다. 미친 여자가 되려는 찰나에 그런 나를 붙잡을 수 있었다.

먼저 나를 일으켜 세우기 위하여 공부를 시작했다. 상담 및 심리학 공부를 하기 시작했다. 버려진 내가 보이기 시작했다. 조금씩 나를 일으켜 세우기 시작했다. 비틀거리던 내가 조금씩 다시 걷게 되니까 내 딸아이가 보이기 시작했다. 혼자 키우니까 잘 키워야 한다는 생각이 강했다. 무엇보다 행복한 아이로 키우고 싶었다. 이렇게 고민하던 중에 PET라는 부모 교육 프로그램을 만나게 되었다.

한번 프로그램을 받아보고는 희망을 발견한 듯싶었다. 이 방법으로 키우면 되겠다는 확신이 들었다. 그때부터 이 방법대로 치열하게 적용하면서 딸아이를 키웠다. 딸아이는 생각보다 훨씬 더 잘 자라 주었다.

초등 저학년 때 엄마인 나를 '마음박사'라고 불러주었다. 중학교 때는 '마음박사' 엄마를 수시로 호출하더니 친구들에게 소개해 주었다.

"엄마, 시간 있어?"

"왜?"

"아니, 친구들이 엄마랑 이야기해 보고 싶대."

엄마를 어떻게 친구들에게 소개했기에? 중학교 시기가 자기들에게 어떤 시기인가? 그렇게 자기들끼리 비밀이 많을 나이에, 친구 엄마에게 자기 이야기를 털어놓고 싶어한단 말인가! 덕분에 수시로 딸아이의 친구들을 만나 이야기를 나눌 수 있었다. 딸아이 덕분에 난 그때부터 인기 있는 상담선생님이 될 수 있었다.

이러던 딸이 엄마랑 같은 길을 가겠단다. 엄마 같은 엄마가 되고 싶단다. 엄마랑 함께 있을 때는 불행이 무엇인지 몰랐단다. 엄마처럼 자식을 행복하게 해 주는 엄마가 되고 싶단다. 아이들을 행복하게 만드는 길은 엄마에게 달렸단다. 그런 엄마들을 만들고 싶단다. 대학에서 심리학을 공부했다. 앞으로도 이 방면의 공부를 더 할 생각이라고 말한다. 최고의 찬사는 닮아가는 것이라고 하는데, 내 딸은 '엄마 닮으면 대박!'이라고까지 말해 준다.

어느 날 딸아이의 성격검사를 했더니 세상을 축제의 한판으로 생각하고 사는 아이란다. 행복도 최고인 아이로 자라고 있단다. 딸아이 혼자 키우면서 정말 내가 딸아이를 잘 키우고 있는지 그런 걱정이 항상 있었다. 이런 결과를 보면서 딸아이에게 너무 감사한 생각이 들었다. 5년간 엄마로서의 부재를 그 어린 것에게 경험하게 했는데……. 그게 제일 마음에 걸렸는데……. 딸은 어린 나이에 얼마나 힘들었을까 싶은데 내 딸은 이렇게 잘 자라주고 있었으니 말이다. 부모가 자식을 포기하지 않는 게 아니라 자식이 부모를 끝까지 포기하지 않는다는 것을 깨닫게 되었다. 내가 이렇게 빨리 정신 차리고 새로운 삶을 살게 된 것도 모두 엄마를 기다려준 내 딸 덕분이었다.

내가 돌봐준 것보다, 내가 기울인 정성보다 훨씬 더 잘 자라주는 딸을 보면서 난 부모 교육 강사가 되기로 결심했다. 내가 알게 된 것, 내가 적용해 본 것, 내가 깨닫게 된 것, 나 혼자만 가지고 있으면 욕심쟁이일 것 같은 생각이 들었다. 마음을 결정하고 나니까 빨리 돕고 싶은 마음에 급해졌다. 부모 교육 강사가 되고 우리 반 부모님들에게 제일 먼저 적용해 보았다. 불과 한 달 만에 ADHD성향이 있던 아이가 모범생이 되어 나타났다. 우울했던 아이, 항상 외톨이였던 여자아이는 친구들 속에서 수다쟁이로 변해 있었다. 한 달 만의 이런 놀라운 변화를 경험하면서 부모가 변하면 아이는 금방 달라진다는 것을 확인할 수 있었다. 다시 한 번 더 부모가 자녀를 변화시키는 것이 아니라, 자녀가 부모를 먼저 변화시킨다는 사실을 확인할 수 있었다. 자녀는 부모의 이런 변화를 끝까지 기다려주고, 절대 먼저 부모를 포기하지 않는다는 사실을 확인할 수 있었다. 부모의 그 1% 변화를 아이들은 금방 알아채고 부모를 도울 준비를 하고 기다린다는 것을 깨닫게 되었다.

부모의 변화
1%만
도와도
진짜 부모로
재탄생한다

그 이후 본격적으로 부모 교육 강의를 하기 시작했다. 대부분의 부모님들이 단기간에 구체적인 도움을 받게 된다는 것을 확인할 수 있었다. 그런데 강의가 끝날 즈음이면 자꾸 불안해 하셨다.

"선생님, 지금은 조금씩 되는데, 그래서 저도 아이들도 행복한데, 또 잊어버리면 어떡해요."

그 마음이 가슴에 팍 와 닿았다. 나도 부모 교육을 받을 때마다 이런 자신감과 불안의 반복이었으니까 그 마음이 이해가 되었다. 또 이렇게도 말씀하셨다.

"선생님, 이 연수 모든 엄마들이 다 들었으면 좋겠어요."

이 말도 처음엔 그냥 흘려들었다. 그런데 자꾸 이렇게 말하니까 나도 뭔가 책임감이 느껴졌다.

'내가 뭔가 할 일을 해야 하는 게 아닌가?' 하는 생각까지 하기에 이르렀다.

'부모님들이 잊어버리지 않게 하는 방법은 뭘까?'

'모든 부모님들이 이 교육을 받게 하는 방법은 없을까?'

이런 고민 끝에 책을 내겠다는 결심을 굳히게 되었다. 부모를 1%만 도와주어도 진짜 부모로 재탄생한다는 것을 부모 교육 연수를 하면서 실감할 수 있었다. 부모가 변화하려고 노력하는 그 간절한 1%의 변화를 돕고 싶어서 이 책을 쓰기 시작했다.

이 책 속에는 이런 비법들이 들어있다.

왜 내가 그동안 가짜 부모로밖에 살 수 없었는지를 명확하게 알아차릴 수 있다. 바꿔 말하면 어떻게 해야 진짜 부모가 될 수 있는지 확실하게 깨닫게 된다. 그래서 그 방법을 차근차근 알려준다.

먼저 자녀와의 소통이 가장 급선무일 것이다. 자녀와 소통이 안 되어서 애먹고 있는 부모님들이 의외로 많았다. 구체적인 방법을 몰라서 애를 먹고 있는 부모님들이었다. 방법을 조금만 알려주어도 금방 적용하였고 또 사이가 조금만 좋아져도 금방 행복해졌다. 부모의 변화 단 1%만 도와주어도 충분했다. 심지어 진짜 부모가 되겠다고 마음을 먹는 것까지도 변화의 시작이었다. 조금만 가르쳐 주었는데도 그 다음 어떻게 나아가면 되는지 감을 잡았다. 그리고 한 단계씩 용기 내어 나아갈 수 있었다.

이 책은 부모가 한 걸음씩 한 단계씩 나아가는 방법을 가르쳐주고 있다. 자녀와 어떻게 소통하면 되는지 구체적인 기법을 알려주고 있다. 내가 배운 이론을 28년 동안이나 딸아이에게 치열하게 적용한 내용들이다. 내 딸아이에게 적용한 그 방법 그대로를 알려드리고 있다.

덧붙여 자녀와의 소통이 바로 행복의 길임을 귀띔해준다. 내 딸아이의 성장을 통하여 자녀와 소통하며 사는 것이 얼마나 행복한 삶인지 증명되었다. 처음부터 어떤 검증을 받으려고 한 건 아니었다. 딸아이가 성장하면서 자연스럽게 증명해 주었다. 딸아이가 성장할수록 더 행복한 부모가 되게 해 주었다. 세월 갈수록 더 행복한 부모가 되겠다는 확신도 든다.

자녀와 소통이 안 되어서 애먹고 있는가? 서로 자꾸 더 멀어지는 것 같아서 너무 불안한가? 당신도 자녀를 빠른 시일 안에 변화시킬 수 있다. 이 책이 더 쉽고 빠르게, 효과적으로 그 방법을 제시하고 있다. 부모 교육하면서도 그 방법이 이미 입증이 되었다.

당신도 나 같이 자녀와 소통하며 행복한 부모로 살아갈 수 있다. 그런 비법들이 이 책 속에 다 들어있다.

이 책이 더 차별화되는 것은 당신이 부모로서 또는 한 인간으로서 어떠한 상황에서도 행복하게 사는 비법이 무엇인지 알려주고 있다는 것이다. 먼저 부모가 된 선배가 후배 부모에게 진한 애정을 담아서 전해주는 말이다. 자신을 어떻게 사랑하고 어떻게 돌보면 되는지 구체적으로 나와 있다.

부모가 행복해야 하는 이유는 우리가 부모이기 때문이다. '부모가 먼저 기꺼이 행복해 주는 것' 이것이야말로 내 아이에게 줄 수 있는 최고의 선물이라고 말한다. 부모도 이 말에는 100% 공감한다. 하지만 어떻게 자신을 사랑하면 되는지 그 방법이 애매하다. 실천하기도 어렵다. 이 책은 내가 느끼고 깨달은 것, 직접 실천하고 있는 것을 공개하고 있다. 삶의 어떠한 출렁거림에도 완벽하게 대비하는 방법을 공개하고 있다. 당신 스스로 당신을 상담할 수 있는 쉽고 빠른 방법도 알려주고 있다. 한마디로 자가발전 시스템인 것이다.

"선생님, 처음엔 아이 잘 키우려고 이 교육을 신청했어요. 그런데 지금은 내가 행복하면 된다는 것을 알게 되었어요. 그리고 행복한 내가 내 안에 이미 있다는 것을 알게 되었어요. 어떻게 나를 돌보면 되는지 그 방법도 알게 되었고요."

부모 교육 강의를 마치면서 이런 말씀을 해 주신다. 스스로 행복해지는 비법, 그 비법이 이 책에 다 들어있다.

부모의 바람은 그냥 행복해하는 내 자식 지켜보면서 자신도 행복하게 나이 들어가는 것일지도 모른다. 내 자식 행복해하는 모습 보는 게 가장 바라는 낙이 아닐까! 그런데 행복한 아이로 키웠더니 훌륭한 사람까지 된다면 대박이다. 당신도 그런 대박의 주인공이 될 수 있다. 자녀는 부모 하기 나름이다. 이 책이 부모로 살아가는 당신에게 부모와 자녀가 둘 다 행복해지는 비

♥

법을 하나씩 차근차근 가르쳐 줄 것이다. 실천하면서 나아가 보면 분명히 그렇게 될 수 있다.

당신의 아이를 내 딸아이처럼 행복도 최고인 아이로 키우고 싶은가?

자녀를 키운다는 건 엄청난 행운이고, 행복이고, 삶의 희열임을 나처럼 경험해 보고 싶지 않은가?

당신의 자녀에게 당신이 최고의 부모, 존경받는 부모라는 칭송을 받게 되는 그 방법을 알고 싶지 않은가?

삶의 어떠한 상황에서도 부모가 행복할 수 있는 행복안내서를 만나보고 싶지 않은가?

자녀 교육의 마스터 키!

부모로서의 삶의 행복안내서!

세상의 모든 부모들에게 이 키를 복사해서 하나씩 하나씩 나눠 드리고 있다. 이제 당신이 받을 차례다.

13
♥

CONTENTS

나는 가짜였다

나는
부모면허증이
없다

무면허 부모 5년, 부모면허증 딴 후 23년, 28년 차 나의 부모 이력이다. 나는 부모면허증 없는 5년의 세월이 있었다. 그리고 다행스럽게도 부모면허증을 딸 수 있었다. 그 후 딸아이를 23년 간 부모면허증으로 키운 덕분에 잘 자랐다. 난 부모면허증 득을 톡톡히 본 운 좋은 엄마이다.

부모면허증이 무엇인지, 혹은 그런 게 있는지 궁금할지도 모르 겠다. 그렇다면 운전면허증은 당연히 알 것이다. 운전을 하려면 먼저 어떻게 해야 하는가? 운전면허증을 따야 한다. 그래야 최소 한 운전을 할 수 있는 자격이 주어진다. 운전면허증 땄다고 바로 차를 몰고 나가서 운전을 할 수는 없다. 최소한 도로주행 연습을 해야 한다. 그래야 겨우 차를 몰 수 있는 자격이 주어진다.

그래도 조심스러운 건 마찬가지다. 그때부터 초보운전자다. 당신도 초보운전자인 시절이 있었을 것이다. 어땠는가? 운전대 만 잡으면 진땀나고, 브레이크에 자꾸 발이 올라간다. 어떻게 해야 할지 몰라 안절부절못한다. 하루 종일 제자리만 맴돌다가 다시 돌아오기도 한다. 운전이 그냥 짐이 된다. 괜히 배웠나 후회하기도 한다. 이렇게 초보인 세월을 견뎌낸다. 이런 초보인 세월을 견뎌내면 운전하는 것이 조금 편안해진다. 세월이 더 가면 운전은 걷는 것처럼 자연스러운 일이 된다. 자동차 운전을 하려고해도 최소한 이런 과정은 거친다. 그래야 서서히 운전을 잘하는 사람이 될 수 있다.

그런데 당신은 부모가 되지 않았는가? 운전을 하기 위해서도 최소한 운전면허증은 따고 운전을 하는데, 부모가 되기 위하여 당신이 준비한 게 무엇인가? 부모면허증도 없이 부모 노릇 하려고 한 게 아닌가? 한마디로 운전면허 없이 운전하면 불법이다. 부모면허증 없이 부모 노릇 하면 가짜 부모이다. 그래서 당신을 가짜 부모라고 말한 것이다. 부모면허증 없는 가짜 부모가 자녀를 키우는데 자녀가 잘 자랄 수 있겠는가? 운전면허증 없는 사람이 차를 몰고 나와서 운전하는 것이랑 무엇이 다른가?

우선, 무면허로 차를 모는 사람이 차를 잘 몰 수 있을까? 어린아이가 생각해 봐도 답이 나온다. 당연히 잘 몰지 못한다. 잘 몰지 못하는 정도가 아니다. 안절부절못하다가 얼마 못 가서 십중팔구 사고가 날 것이다. 사고가 나면 이제 심각해진다. 당장 차안에 탄 사람이 안전할까? 조금 다치면 그나마 천운이다. 그러나 누가 장담하겠는가? 초보가 차를 몰았는데. 차가 박살이 났다고 가정해 보자. 차가 박살이 났는데, 그 안에 탄 사람은 안전할까? 차에 탄 사람도 박살이 날 것이다. 생각만 해도 아찔하다.

이게 무슨 뜻인가? 부모가 무면허 부모이면 자녀도 부모도 모두 다친다. 부모가 부모면허증 없는 가짜 부모이면 부모도 자녀도 모두 마음이 다친다. 사이가 나빠진다는 뜻이다. 서서히 사이가 나빠져서 나중에는 돌이킬 수 없는 지경이 되기도 한다. 사랑하는 자식에게 '원수도 그런 원수가 없다'고 당신이 말할지도 모른다. 자녀는 또 '세상에서 제일 원망하고 싶은 사람'이 부모라고 말할지도 모른다. 당신과 당신의 자녀가 그 주인공이 될지도 모른다.

정말 이러고 살길 바라는가? 부모면허증 없이 계속 사랑하는 당신의 자녀들을 키울 작정인가? 당신의 자녀에게 얼마나 더 상처 입히고 다치게 해야 정신이 번쩍 들겠는가? 당신은 또 얼마나 상처 입고 만신창이가 되어야 정신 차리겠는가? 가짜 부모인 채로 계속 그렇게 자식에게 진짜인 척하며 살아갈 수 있다고 생각하는가? 자녀가 언제까지 당신의 가짜에게 속아줄 것 같은가? 그 한계점은 없을 것 같은가?

지금까지 단 한 번이라도 그 어떤 자녀가 당신에게 운전 잘못한다고 스티커 발부하던가? "엄마, 오늘부터 3일간 부모 하지 마세요." 하고 부모면허 정지라도 시킨 적 있었는가? 아예 부모면허증을 빼앗아 가기라도 하던가?

자식이 보내는 사인을 알아차린 적이 있는가? 자녀는 당신에게 무수한 사인을 보냈을 것이다. 그런데 아무런 사인도 못 알아차리고 지금까지 부모 노릇 해오고 있지는 않은가? 아니면 자녀가 보내는 사인을 아예 무시해 버리고 살고 있는가? 마음은 찌뿌둥하지만 처음부터 아예 사인을 무시하면 자녀가 곧 적응할 것 같아서 그랬는가? 사인을 받아주면 더 많은 사인을 보낼 것 같아서 그랬는가? 귀찮아서인가? 아니면 감당이 안 되어서인가? 앞으로도 계속 그렇게 무면허로 부모 노릇 하면서 자녀들 곁에 있을 생각이었는가? 가짜 부모로 살면 결국 어떤 결과를 낳게 될지 한번 생각해 봐야 하지 않겠는가?

　나도 무면허부모로 산 세월이 있었다. 딸아이 낳고 남편이 너무 일찍 돌아가셨다. 준비가 안 된 죽음 앞에 나 자신을 챙기기도 너무 벅찼다. 아니 받아들일 수가 없었다. 결국 나를 학대하는 쪽을 택했다. 살아남기 위한 발버둥이었는데, 그게 나를 서서히 죽이는 길임을 그때는 알 수가 없었다. 블랙홀 속으로 끊임없이 나 자신을 밀어 넣었다. 5년간이나.
　그때는 딸아이도 전혀 보이지 않았다. 정신 줄을 놓으려는 찰나, 신이 나를 불쌍히 여겼을까? 아니면 내 딸아이가 너무 가여웠을까? 정신을 차리게 도와주었다. 미친 여자가 되지 않은 게 천만다행이다. 지금 생각해 보니 그게 마지막 기회였다. 신의 배려였다.

　이 시기가 무면허부모로 산 5년간이다. 아니, 무면허부모 정도가 아니다. 무면허에다가 난폭 운전자였다. 내 딸아이에겐 엄청난 상처의 기간이었을 것이다. 엄마만 힘들었던 게 아니라 내 딸 아이는 어마어마하게 힘들었을 것이다. 아무것도 모르는 시기였겠지만 잘 견뎌 주었다. 덕분에 내가 가짜 부모였다는 것을 얼른 알아차렸다. 부모면허증이 없이 무면허로 부모 노릇을 했다는 것을 깨끗이 인정했다. 그때부터 부모면허증을 따기 위한 노력을 할 수 있었다. 덕분에 진짜 부모로 다시 태어날 수 있었다.

당신도 가짜 부모임을 얼른 알아차리자. 부모면허증이 없는 가짜 부모라는 사실을 쿨하게 인정하자. 그리고 이제부터는 진짜 부모가 되기 위한 노력을 하자. 부모면허증 따는 데만 온 힘을 기울이자. 너무 걱정할 필요는 없다. 운전면허증 따듯이, 코스 연습하고 도로주행 하듯이 차근차근 하면 된다. 한 단계 한 단계 가르쳐 주는 대로 하면 된다. 조금씩 조금씩 연습하면 어느새 도로주행까지 합격한다. 그리고 초보 단계도 무난히 잘 넘기고 베스트 드라이버도 된다.

누구나 부모면허증을 딸 수 있다. 5년간 엄마로서 실격이었던 나도 노력하여 딸 수 있었다. 당신은 나보다 훨씬 덜 노력해도 충분히 따고도 남는다. 진짜 부모가 되기 위하여 어떤 노력을 했는지 모두 다 공개하겠다. 그리고 여러분이 진짜 부모로 다시 태어나는 과정에 항상 함께하겠다. 이 책을 차근차근 읽어가기만 하면 된다. 모든 부모는 진짜 부모가 될 수 있다.

'자녀 사용 설명서'라도
있었더라면

그때만 생각해도 웃음이 번지는 사건이 있다. 딸아이 4학년 때인가? 딸아이는 청소하는 걸 잘 못했다. 잘 못하는 게 아니라 중요하다고 생각하지 않는 것 같았다. 딸아이의 방을 늘 청소해 주었는데, 너무 어질러 놓아서 감당이 안 되었다. 어느 날은 딸 방을 청소하러 갔다가 화가 머리끝까지 났다. 너무 어질러 놓고 생활하는 것이 도저히 이해가 되지 않았다. 항상 치워 주어야 하는 것이 이제는 너무 피곤해졌다.

그렇게 시작된 화는 딸아이를 향한 비난으로 바뀌었다. 거의 3시간 정도 계속 화를 내고 비난을 퍼부으면서 딸의 방 청소를 끝냈다. 얼마나 기운을 뺐는지 거의 녹다운이 될 지경이었다. 방 청소가 힘들었던 게 아니라 화를 내느라 에너지를 소진해 버렸기 때문이었다.

정신을 차리고 보니 내가 너무 마음에 들지 않았다. 도대체 내가 왜 이러고 있는지 한심했다. 그 후 우연한 기회에 딸의 성격 검사를 받게 되었다. 딸아이와 나는 정리정돈에 있어서는 완전

반대의 성격이라는 것을 알게 되었다. 딸아이가 그렇게 어질러 놓는 건 정상이었다. 내가 오히려 딸아이 눈에는 이상하게 보인다는 것이다. 그 후로 딸아이의 방은 딸아이가 책임지게 해 주었다. 그때부터 지금까지 정리정돈을 이유로 한 어떠한 갈등도 없었다.

예전에 나는 내 딸을 잘 다룰 줄 몰랐다. 어떻게 아이를 키워야 할지 몰라서 항상 우왕좌왕, 좌충우돌했다. 어느 날 문득 이런 생각이 들었다.

'자녀 사용 설명서'가 있다면 얼마나 좋을까?'

모든 상품을 사면 그 속에는 제품 사용 설명서가 들어 있다. 그 제품을 가장 쉽게 가장 효과적으로 사용할 수 있는 방법을 써 놓았다. 그 사용설명서를 읽고 그대로 사용하면 된다. 아무리 처음 만져보고 아무리 복잡한 물건이라도 사용 설명서만 있으면 해결된다. 그래서 제품에는 사용 설명서가 꼭 필요하다.

"자녀 사용 설명서라니 무슨 뚱딴지같은 소리지?"라고 말할지도 모르겠다. 부모 교육을 하면서 이런 경험들이 있었기 때문이다.

부모 교육을 하면 두 명 이상의 자녀를 키우고 있는 엄마들을 많이 만난다. 엄마들이 이구동성으로 하는 소리가 있다.

"도대체 내 속에서 낳은 자식인데, 어떻게 키워야 할지 모르겠어요."

같은 성별이라도 언니(형) 다르고 동생이 다 다르단다. 다른 성별일 경우는 더 헷갈려서 어떻게 키워야 할지 도무지 모르겠다고 말한다. 큰아이 키우면서 조금 괜찮은 방법인 것 같아서 동생에게 적용했더니 동생에게는 전혀 먹혀들어가지 않는다고 한다. 다시 그 아이에게 맞는 방식을 찾아내느라 애를 먹고 있다고 했다.

이런 부모님들의 하소연을 들으면서 '그래, 맞아. 제품 사용 설명서는 있는데 왜 자녀 사용 설명서는 없는 거야? 신이 이 세상에 아이를 보내면서 그냥 혹 우리에게 넘겨주면 어떡하라는 거야? 자녀 사용 설명서까지는 아니더라도 뭐 비슷한 걸 첨부해서 보내주어야 하는 거 아니야?' 하며 따져 묻고 싶기도 했다.

이런 상상을 한번 해 보자. 자녀가 태어날 때 "엄마, 난 이런 아이니까, 나를 이렇게 다뤄 주세요."라고 한다면 얼마나 다루기 쉽겠는가. 또 "엄마, 난 이런 까칠한 점이 있으니 조심해서 다뤄 주세요."라고 한다면 미리 조심해서 잘 다룰 수 있을 것 아닌가. 자녀 사용 설명서만 있다면 더 이상 헤매지 않아도 될 것이다. 자녀를 지금보다 훨씬 더 잘 키울 수 있을 텐데 말이다.

자녀를 키우느라 진땀 빼며 애먹고 있는 세상의 모든 부모님들에게 '자녀 사용 설명서'를 나눠줄 수 있다면 얼마나 좋을까? 당신이 자녀를 잘못 키우고 있다는 것을 금방 알아차릴 수 있을 텐데 말이다. 자녀 사용 설명서대로 해 보면 자녀가 금방 달라진다는 것을 실감할 수 있을 것이다. 자녀를 힘들게 하는 부모로부터 아이를 얼른 구해낼 수도 있을 것이다. 더 이상 자녀가 피해자가 되지 않아도 된다. 부모도 죄책감에 시달리지 않아도 된다.

"에디슨, 너는 절대로 바보가 아니야. 너무 똑똑해서 선생님이 너를 제대로 가르치지 못하는 거란다. 학교가 싫으면 가지 않아도 돼. 자, 엄마하고 선생님께 가서 말씀드리고 오자."

에디슨의 학교생활은 이렇게 3개월 만에 끝이 났다. 그때부터 에디슨의 엄마가 에디슨을 교육시켰다. 에디슨이 어떤 질문을 해도 귀찮아하지 않고 자세하게 설명해 주었다. 역사와 지리, 과학 공부는 다양한 책을 통해 깨치도록 하고 소설을 읽어주면서 감성과 상상력을 키워주었다.

학습 지진아인 에디슨을 세계적인 과학자로 만든 것은 어머니의 자식 키우는 방법이 에디슨에게 딱 들어맞았기 때문은 아닐까? 에디슨의 어머니가 다른 엄마였다면 에디슨 같은 천재 과학자가 탄생했을까? 1+1도 제대로 풀 수 없었고, 꼴찌만 하는 멍청한 아이라고 취급을 받던 아이였다. 그런 아이를 에디슨의 어머니가 천재 과학자로 만들었다.

에디슨의 어머니는 에디슨을 어떻게 키울지 알고 있었던 것이다. 한마디로 '자녀 사용 설명서'를 손에 쥐고 에디슨을 키운 것이다. 설명서대로 키웠으니 에디슨이 잘 자란 것은 당연한 결과 아니겠는가? 당신도 에디슨의 엄마처럼 될 수는 없을까? 당신 자녀의 '자녀 사용 설명서'를 손에 쥘 수 있는 방법은 무엇일까?

이 책은 그런 부모들을 돕기 위한 책이다. 세상의 모든 부모들에게 '자녀 사용 설명서'를 쥐여주고 싶은 간절한 마음을 담아 쓴

책이다. 책을 다 읽을 때쯤 당신도 당신 자녀의 '자녀 사용 설명서'를 손에 쥘 수 있기를 희망한다. 꼭 그렇게 되기를 응원한다.

다이아나 루먼스의 시는 '자녀 사용 설명서'를 손에 쥐지 못하고 자녀를 키운 부모들의 후회하는 마음을 대변하고 있는 것 같다.

만일 내가 다시 아이를 키운다면

만일 내가 다시 아이를 키운다면
먼저 아이의 자존심을 세워주고
집은 나중에 세우리라

아이와 함께 손가락 그림을 더 많이 그리고,
손가락으로 명령하는 일은 덜 하리라.

아이를 바로잡으려고 덜 노력하고
아이와 하나가 되려고 더 많이 노력하리라.

시계에서 눈을 떼고
눈으로 아이를 더 많이 바라보리라.

만일 내가 다시 아이를 키운다면
더 많이 아는 데 관심 갖지 않고
더 많이 관심 갖는 법을 배우리라.

자전거도 더 많이 타고
연도 더 많이 날리리라.

들판을 더 많이 뛰어 다니고
별들을 더 오래 바라보리라.

더 많이 껴안고 더 적게 다투리라.
도토리 속의 떡갈나무를 더 자주 보리라.
덜 단호하고 더 많이 긍정하리라.

힘을 사랑하는 사람으로 보이지 않고
사랑의 힘을 가진 사람으로 보이리라.

엄친아
엄친맘이
아닌데

학습 연구년을 할 때 경험한 일이다. 나에게 부모 교육을 받은 어머니가 아침 일찍 만나자고 했다. 어디서 만나느냐고 하니까 아침 일찍 문을 여는 가게가 있다고 했다. 9시에 약속된 장소에 갔다. 안으로 들어서는 순간 깜짝 놀랐다. 우리 외에도 이미 많은 손님들이 있어 시끌벅적했다. 모두 엄마 손님들이었다. 그곳이 조조할인 커피 전문점이었다.

너무 궁금해서, 아침부터 엄마들이 여기서 뭐하느냐고 물어보았다. 아이들 학교 보내고 여기서 만난단다. 예전에는 집으로 불러서 함께 차를 마시고 수다를 떨고 했는데, 그 장소가 커피전문점으로 옮겨졌단다. 요즈음 신세대 엄마들은 서로 침범하고 신경 쓰는 것을 싫어하기 때문이라서 그렇단다. 참 실속 있는 방법이라는 생각이 들었다.

호기심이 발동했다. 아침부터 만나서 주로 어떤 이야기를 나누느냐고 물었다. 예상했던 대로 자녀들 이야기를 주로 한단다.

어떤 학습지를 하는지? 어떤 학원을 보내는지? 어떻게 하면 공부를 잘하는지? 자녀들 이야기가 주 메뉴이고 남편, 시댁 이야기는 양념으로 등장한단다. 정보 공유 차원이란다. 이렇게 이야기를 나누다 보면 점심시간이 다 되어서야 헤어진단다.

일주일에 최소한 두 번 정도는 조조할인 커피 전문점을 이용한단다. 더치페이로 하기 때문에 부담은 전혀 없단다. 이렇게 이른 아침부터! 역시 한국의 엄마들은 참 대단하다. 잠도 덜 깬 상태에서 자녀들을 위해 이렇게 최선을 다하고 있으니 말이다.

여기서는 공부 잘하는 아이의 엄마가 무조건 '갑'이 된단다. 공부 잘하는 아이의 엄마는 말의 주도권을 잡고 다른 엄마들은 듣는 입장이 된단다. '을 엄마'는 묻고 싶은 말이 있으면 순서를 정해서 물어보아야 한단다. '갑 엄마'는 유세하듯이 가르쳐준다니 어떤 모습인지 상상이 되지 않는가! 듣는 '을 엄마'도 바쁘단다. '갑 엄마'가 말하는 정보를 하나도 놓치지 않고 받아 적으랴, 찬스를 잡아서 궁금한 것 물어보랴 분위기가 아주 뜨겁단다. 조조할인 커피 전문점은 어떤 입시 설명회보다 더 뜨겁단다.

한국에만 있는 단어, 엄친아! 지금 한국은 엄친아가 대세다. 그리고 엄친아를 키워내는 엄친맘이 대세다. 엄친아는 어깨 활짝 펴고 학교에 다닐 뿐 아니라 어디를 가든 어깨 힘주고 다닌다. 자녀가 엄친아라는 것이 아주 큰 빽이다. 빽이 있는 엄마는 언제든 당당하다.

아 참, 이미 알고 있겠지만 '엄친아'는 '엄마 친구의 아들'을 줄

인 말로 네이버 웹툰에서 처음 사용했다고 한다. 특이하게도 우리나라에만 있는 단어인데, 엄친아란 말이 나오자마자 유행이 되어 엄마들에게서 열렬한 환호를 받았다. 왜 하필 엄마들에게서 더 큰 호응을 얻었을까?

이 단어를 듣자마자 엄마들이 바로 낚아채 갔을 것이다.

"바로 이거야!"라며 신이 나서 환호성이라도 질렀을 것이다. 자녀의 단점을 공공연히 말할 때 아주 안성맞춤이기 때문이다. '엄마 친구의 아들'만 살짝 데리고 오면 되니까. 엄마 친구 아들의 장점을 들춰내어 상대적으로 자녀의 단점을 살짝 얹어 말하면 된다. 이른바 '끼워 팔기' 같은 느낌이다. 바로 자녀의 단점을 말하는 것보다 끼워서 떠넘기는 격이다. 일단 죄책감이 덜하다. 하지만 부작용은 엄친아가 줄줄이 등장한다는 것이다.

"엄마 친구의 아들은 공부 잘하는데, 너는 뭐 하는 짓이냐?"

"엄마 친구 아들은 주말이면 엄마도 돕는다는데, 너는 도대체 뭐 하는 거냐?"

"엄마 친구들 만나면 너 때문에 창피해서 못살겠다. 할 말이 없다."

엄마 친구의 아들은 왜 뭐든 잘할까? 인성도 좋고 공부까지 잘할까? 내 아들은 나에게 못되게 굴고 공부까지 못하는데 말이다. 왜 한국의 엄마 아들은 성격이 못됐을까? 공부도 지지리도 못할까?

엄친아! 도대체 있기나 한 걸까? 그에 대한 몇 가지 생각을 말해보고자 한다.

경쟁사회가 만들어 낸 허상이다

왜 한국은 무조건 엄친아여야 하는가? 공부도 잘하고 마음씨도 좋은 엄친아여야 하는가? 항상 전교 1등 하는 엄친아만 살아남아야 하는가? 평범한 엄마 아들이면 안 되는 건가? 한국에서는 엄마 아들은 살아남지 못한다. 엄마 친구의 아들만 살아남는다. 살아서 영웅이 된다. 도대체 왜 그런가 말이다.

이 모든 것은 경쟁사회가 만들어 낸 허상이다. 한국의 교육제도는 경쟁체제다. 성적표가 매겨지는 사회다. 국어, 수학, 과학, 영어 등 뭐든지 잘해야 1등이 되는 사회이다. 그래야 살아남는 사회이다. 친구들보다 내가 잘해야 좋은 대학에 갈 수 있다. 좋은 대학은 좋은 회사의 취직으로 이어진다. 그리고 그것은 다시 좋은 배우자를 얻는 것으로 이어져 앞으로 잘살 수 있는 길로 이어진다. 그래서 다른 아이들보다 내 자녀가 무조건 더 잘해야 한다.

내 자녀가 잘했으면 좋겠는데 어디 제대로 잘하던가? 눈 씻고 보아도 잘하는 게 없지 않던가? 못하는 것만 자꾸 눈에 들어오지 않던가? 그런데 참 이상한 일이 벌어진다. 눈을 너무 많이 씻었을까? 주위에 내 아이랑 전혀 다른 아이가 눈에 들어온다. 공부도 잘하고 착하기도 한 특이한 아이 말이다. 눈이 번쩍 뜨인다. 그 특이한 아이들은 대부분 당신 친구의 아들들이다. 당신

아들에게는 없는 걸 다 가진 그런 아이이다. 이 아이가 바로 '엄친아'이다.

이상하게도 당신 친구들만 만나면 친구들 자녀는 대부분 엄친아이지 않던가? 뭐도 잘하고 뭐도 잘한다고 말하지 않던가? 궁금하지 않은가? 왜 당신 아들은 그렇지 않은데 당신 친구의 아들만 그렇게 완벽한 건지, 그런 완벽한 아들은 왜 꼭 당신 친구의 아들인지 말이다.

 ## 엄친아 덫에 걸렸다

남의 자식 잘한다는 것만 눈에 크게 들어온다. 남의 자식 잘한다는 소리만 크게 들린다. 이미 눈멀고 귀도 멀었다. 드디어 당신은 엄친아 덫에 걸린 것이다. 엄마 자신이 쳐 놓은 덫이다. 이 덫에 엄마도 자녀도 함께 걸린 것이다.

덫에 걸린 부작용은 이렇게 나타난다. 끊임없이 자녀를 부정적으로만 본다. 내 자녀의 못하는 것만 눈에 쏙쏙 들어온다. 한 가지 잘하는 것만으로는 불안해서 가만히 두고 볼 수가 없다. 만화는 엄청 잘 그리는데 수학 과목이 뒤쳐지면 "만화 그려서 뭐 먹고 살래?" 하면서 자녀를 사정없이 쥐어박는다. 못하는 수학 때문에 잘 그리는 만화는 늘 구박을 받는다. 골칫덩어리 재능이 된다. 골칫덩어리 재능을 가진 구박 받는 자녀는 갈수록 만화조차도 못 그리는 아이로 변해 간다.

또 다른 부작용은 끊임없이 엄친아랑 비교한다. 비교 안 하려고 해도 자꾸 그렇게 된다. 엄친아에 비해 내 자녀의 가진 것이 너무 초라해 보이기 때문이다. 초라함을 메우기 위해 자녀에게 하는 일이라고는 무조건 닦달하는 것이다. 자녀의 못하는 것만 낱낱이 파헤친다. 이런 것도 못하고 저런 것도 안 된다고 하나하나 끄집어내어 일러준다. 그래야 자녀가 정신 차리고 더 잘할 것 같기 때문이다. 엄친아를 표준 삼아 잘해줄 것 같기 때문이다. 정말 엄청난 계산 착오다.

끊임없이 비교당한 아이에겐 열등감의 부작용이 반드시 나타난다.

'나는 진짜 못하는 아이일까? 나는 정말 안 되는 아이일까?'

이렇게 생각하며 서서히 진짜 못하는 아이가 되어간다. 결국엔 아무것도 못 하는 아이가 되고 만다.

부작용은 더 있다. 무조건 잘해야 한다고 강요받으면서 스트레스를 엄청 받기 때문에 억울하고 화난 감정이 쌓인다. 그리고 그 감정은 자꾸 복수하고 싶은 마음으로 변한다. 이런 열등감, 복수심으로 자녀가 해낼 수 있는 일이 과연 있을까?

엄친아 덫의 부작용이 이제 부모에게도 뻗친다. 엄친아 때문에 구박 받고 자란 엄마 아들이 드디어 반항을 하기 시작한다. 엄친아 뒤에 숨어서 엄마 아들을 괴롭혔듯이 그대로 따라서 한다. **엄친맘**(엄친맘은 저자가 만든 말이다. '엄친아의 엄마(맘)'를 줄여서 '엄친맘'이라고 했다)을 내세우고, 엄친맘 뒤에 숨어서 자기 엄마를 괴롭히기 시작한다. 이렇게.

'엄친아의 엄마는 친구에게 잘해 준다는데, 왜 엄마는 나에게 못해줄까?'

'엄친아의 엄마는 친구의 마음도 잘 알아준다는데, 왜 엄마는 공부만 하라고 윽박지를까?'

'친구는 몇 백만 원짜리 학원 보내주는데, 엄마는 좋은 학원도 못 보내주면서 공부만 잘하라고 하는 걸까?'

'엄친아의 엄마가 우리 엄마였으면 좋겠다.'

당신이 엄친아를 줄줄이 만들고 있는 동안 당신의 자녀는 엄친맘을 계속 만들고 있었다. 당신이 엄친아를 부러워하면 할수록 당신의 자녀는 엄친맘을 그리워하고 있었다. 사랑하는 부모와 자식이 서로 비교당한 느낌이 어떨까? 사랑하는 사람이 나를 한없이 깎아내릴 때 그 아픔이 또 어떨까? 버텨낼 힘이 있을까? 언제까지 버텨낼 수 있을까? 엄친아 덫의 부작용은 이 정도에서 끝일까?

엄친아 바이러스다

바이러스가 뭔가? 기하급수적으로 퍼져 나가는 것 아닌가? 그것도 나쁜 것이 퍼져 나갈 때를 주로 바이러스라고 한다. 엄친아로 인한 피해가 엄청나게 퍼져나간다는 뜻이다. 엄친아의 덫에 걸린 사람들이 빨리 빠져나오지 않으면 엄친아 바이러스에 휩싸인다는 말이다. 어떻게 된다는 말인가?

 SBS 〈그것이 알고 싶다〉 '엄친아가 무섭다'(2008. 11. 8) 편을 보면 이런 내용이 나온다. 주인공은 고3 때까지 엄마에게서 끊임없이 비교당하면서 자란다. 대학교에 들어가서는 엄마 대신 자기 자신이 끊임없이 누구와 비교한다. 대학 졸업을 앞두고 취업시험에 도전할 때는 정도가 더 심해진다. 명문대를 나왔고 토익점수도 아주 높다. 외모도 다른 사람이 잘생겼다고 할 정도다. 1차 시험은 합격하는데 2차 면접에서 자꾸 떨어진다. 자신은 친구들에 비해 뭔가 부족하다고 느낀다. 그 원인을 외모에서도 찾아본다. 다른 사람이 아무리 괜찮다고 해도 자신은 안 괜찮다고 생각한다. 결국엔 성형외과를 찾는다.

 주인공이 엄친아 바이러스에 걸려서 계속 헤어나지 못하고 있는 내용이다. 이 주인공은 어떻게 되었을까? 결과까지 보여주지 않고 있지만 충분히 예상이 된다. 이런 악순환은 살면서 계속 이어질 것이다. 회사에서는 나만 연봉이 작은 것 같고, 결혼할 배우자를 만날 때도 내가 뭔가 부족한 것 같고, 내가 가장 초라한 집에서 사는 것 같고…….
 자녀를 낳아 기를 때도 내 자식만 또 뭔가 부족한 것 같고, 그래서 자녀를 자기도 모르게 엄친아로 만들려고 애를 쓸 것이고……. 앞으로 모든 것이 다른 사람이랑 비교가 되고 자신감이 자꾸 떨어질 것이다. 평생 이러고 살 것이다. 마치 바이러스에 걸린 것처럼…….

당신의 아이가 엄친아인가? 그러기 전에 당신이 먼저 엄친맘인가? 당신의 아이가 엄친아가 아닌가? 당신이 엄친맘이 아니기 때문이다. 자녀를 엄친아랑 비교하면서 살았는가? 엄마 아들로 살게 하지 못하고 엄마 친구의 아들이 되라고 강요한 것이다. 당신도 자녀에게서 친구의 엄마랑 끊임없이 비교당하면서 지금까지 살아온 것이다. 당신 아들의 엄마로 살게 하지 못하고 엄마 친구의 엄마가 되라고 강요당한 것이다. 당신이 자녀를 협박한 그 강도만큼 은연중에 협박을 받았는데 당신은 전혀 느끼지 못했던 것이다.

엄친아 덫에 걸려서 지금까지 살고 있지 않았을까? 이미 당신에게 엄친아 바이러스가 퍼진 것은 아닐까? 엄친아 덫에서 빠져나올 방법은 없을까? 엄친아 바이러스를 한 방에 퇴치할 방법은 없는 것일까? 엄마 친구의 아들이 아닌, 진정한 엄마의 아들로서 제대로 자녀를 만나볼 수 없을까? 엄마 친구의 엄마가 아닌 내 자녀의 진짜 엄마(진짜 부모)로 평생 살 수는 없는 것일까?

나도
스토커?

남아프리카에 가면 초원을 무리지어 질주하는 스프링복이라는 영양이 있다. 스프링복은 누군가 질주하면 영문도 모른 채 함께 질주한다. 멈추면 밟혀 죽기 때문에 멈출 수 없다. 앞서 달리던 스프링복이 벼랑 밑으로 떨어져도 뒤따르던 수백 마리의 스프링복은 멈출 수 없다. 우리의 교육 현실이 이와 같은 모습이다. 이런 현실 속에서 가만히 있는 건 도저히 불안해서 견딜 수가 없다. 그래서 당신도 이렇게 달리게 되었다. 영문도 모른 채 말이다. 당신도 스프링복이 되어 달리고 있다. 그 결과 자기도 모르게 자녀의 스토커가 되어 버렸다.

'스토커'란 무엇인가? 상대방은 싫어하는데 나만 좋아서 상대에게 사랑을 표현하는 것을 말한다. 상대의 감정이나 상황은 전혀 고려하지 않고 하는 행동이다. 말려도 말을 듣지 않고 막무가내로 하는 행동이다. 상대가 싫다고 해도 멈추지 않고 혼자 계속 나아가다 결국엔 상대에게 심각한 손해를 끼치고 마는 사랑이다. 이런 사랑을 하는 사람을 우리는 '스토커'라고 부른다. 일방적이고 왜곡된 사랑인 것이다. 정상적인 사이에서는 도저히 하면 안 되는 행동이다.

이런 행동을 당신도 자녀에게 해 오고 있지는 않았는가? 부모라는 이름으로, 아이를 사랑한다는 이유로 스토커가 되어 살고 있는 것은 아닌가?

 ## 스토커 사랑, 수위 조절이 안 된다

부모와 자식의 관계는 참 이상하다. 이상하게 마음 조절이 잘 안 된다. 사랑의 수위 조절이 안 되어도 너무 안 된다. 아무리 억누르고 참으려고 해도 자꾸 자식에게로 향하는 마음은 어쩔 수가 없다. 특히 엄마는 더 그렇다. 열 달 동안 탯줄로 이어져 있었던 사이다. 한 몸이었는데 떼어 놓았으니 오죽할까! 자꾸 붙고 싶고 한 몸이 되고 싶다.

'내가 차라리 너였으면!' 하고 생각할 때가 많다. 그래야 마음이 편하고 덜 불안하니까. 차라리 스토커가 되기로 결심한다.

나도 자식을 향한 사랑의 수위 조절이 참 안 되는 사람이다. 조금만 마음을 느슨하게 하면, 딸아이를 향하여 나도 모르게 마음이 달려가고 있다. 혼자 키우니까 더 애틋한 마음에서 그랬을 수도 있다.

"엄마가 사랑한다는 이름으로 너를 너무 간섭하거나 네 삶에 끼어든다는 생각이 들면 엄마에게 얼른 옐로카드 보내야 해."

딸에게로 무한정 달려가는 마음을 주체할 수가 없어서 딸에게 브레이크 장치를 사용해 달라고 부탁해 놓았다. 오죽 조절이 안 되면 그렇게 부탁을 해 두었을까? 다행히 딸아이는 엄마에게 한 번도 옐로카드를 들어 보인 적은 없었다.

상담 공부를 이렇게 오래 했고 자녀 교육에 관한 공부를 오랫동안 한 나도 이런데, 아무것도 준비 안 된 부모님들이라면 얼마나 더 심할까! 얼마나 의도적인 노력을 해야 그 마음을 조절할 수 있을까! 사랑한다면 상대의 마음이 보여야 하지 않을까? 진정한 사랑이라면 상대가 힘들어하는 것이 보여야 하지 않을까? 그래서 서로의 행동을 조율해야 하지 않을까? 사랑하는 사람을 위해 자신의 욕심도 내려놓을 수 있어야 진짜 사랑하는 게 아닐까?

당신은 어떤가? 당신도 스토커 사랑인가? 자녀의 힘든 것이 보이지 않는가? 혹시 보이더라도 절대 양보하지 않고 밀고 나가고 있는가? 자녀를 사랑해서 그런다고 계속 우길 생각인가? 모두 당신의 욕심만 채우는 일이 아니겠는가? 이게 스토커가 아니고 무엇인가? 당신의 자녀가 불행하다는데, 당신의 자녀가 심각한 피해를 입고 있는데도 계속 자녀를 스토킹 할 작정인가? 언제까지 사랑해서 그랬다고 밀어붙일 작정인가?

스토커, 불안의 다른 모습이다

더 많이 사랑하는 사람이 더 불안하다. 자녀를 더 많이 사랑해서 불안해서 그랬다고 인정하자. 그렇다. 부모의 불안이 그 속에 있다. 그래서 더 집착한다. 가만히 두면 사랑하는 사람이 잘못될까 봐 자꾸 간섭을 한다. 자녀가 더 잘되게 하려고 하는 집착이다. 자신의 마음 상태가 불안한 부모일수록 자식에게 더 집착한다. 걱정이 앞서서 아이를 믿을 수가 없다. 혼자 무엇을 하도록 지켜볼 수가 없다. 모든 것을 알아서 다 해 주어야 안심이 된다. 아이의 모든 행동이 부모의 눈에 들어와 있어야 마음을 놓는다.

아이를 위해서 그런다는데 사실은 부모 자신이 불안하니까 하는 행동이다. 아이의 모든 행동을 통제하고 있다. 아이는 부모가 시키는 대로 조종당하는 로봇이 되어 간다. 그래야 부모가 마음이 편하니까. 그렇게 하지 않으면 불안해서 견딜 수 없으니까.

그 불안은 어릴 때 엄마에게 받은 상처일 수도 있고, 자라면서 학습된 불안일 수도 있다. 어릴 때 불안정한 애착이 형성된 경우를 말한다. 자신이 아이였을 때 부모가 늘 불안정한 심리상태로 아이를 키웠을 때 불안정한 애착이 생긴다. 엄마를 믿을 수 없는 존재라고 느낄 때 아이는 불안해진다. 그 불안 때문에 엄마에게 더 집착하게 되는 것이다. 충분한 돌봄을 받지 못해서 그렇다. 이런 부모 밑에서 자란 아이가 부모가 되면 자녀에게 과하게 집착한다.

사회적 불안이 이식되어서도 그렇다. IMF를 경험한 부모들은 갑자기 닥친 위기를 경험했다. 겨우 헤치고 나왔어도 언제 또 이런 날벼락이 닥칠지 불안하기만 하다. 대량 해고, 조기 퇴직 등 사회적인 불안 요소들이 늘 부모들을 불안하게 한다. 내 자식은 이런 불안을 경험하지 않았으면 하는 심리가 깊은 곳에 자리 잡았다. 무조건 공부를 잘해야 한다고 강요한다. 부모처럼 안 살려면 다른 사람과 경쟁하여 이기려면 무조건 앞서 나가야 한다고 닦달한다. 그래야 취직을 잘 하고 잘살 수 있다고 말한다. 그래야 어른이 되면 안심하고 살 수 있다고 한다. 이런 걱정, 불안이 자녀에게 그대로 이식된다. 이식된 불안은 자녀에게 뿌리내려서 더 심화되고 커진다.

불안이 심해지면 때리기까지 한다. 때려서라도 자녀가 잘되길 바란다고 말한다. 자녀가 잘되도록 하기 위하여 때린단다. 당신도 혹시 그런 부모인가? 이 점에 대하여 당신의 생각은 어떤가? 이렇게 한번 생각해 보자. 세상에서 나를 가장 사랑하는 사람이, 나 잘되라고 하는 거라면서 당신을 때린다고 생각해 보자. 그것도 방금 전까지 나를 그렇게 사랑한다고 표현해 주던 사람이 말이다.

얼마나 헷갈릴까? 얼마나 혼란스러울까? 사랑하는 사람과 때리는 사람이 같은데…….. 방금 죽도록 사랑한다고 말해 놓고, 돌아서서 때린다면 얼마나 배신감과 상실감이 커지겠는가? 자녀가 당신의 진실을 받아들일 수 있을까? 너무 사랑해서, 때려서라도 교육시키려고 하는 당신의 애끓는 모정을 자녀가 오해하지 않고 진심으로 이해할 수 있단 말인가?

솔직히 물어보자. 왜 때려서라도 자녀가 잘해야 하는가? 자녀가 공부 못하면 왜 안 되는가? 당신에게 무슨 해가 가기에 그렇게 공부에 매달리는가? 때려서라도 공부하게 해야 하는 진짜 이유는 무엇인가? 누구를 위한 회초리인가? 누구에게 이익이 되는 행동인가?

당신의 불안이 자녀에게 뻗은 게 회초리가 아닐까? 당신의 불안을 잠재우기 위한 방법으로 선택한 것이 회초리가 아닌가? 말로만 하면 자녀가 당신 말을 안 들어주니까 때리는 것 아닌가? 좀 더 세게 뭔가 힘으로 제압을 해야 당신 말을 들을 것 같아서 그러는 것 아닌가? 기선 제압용 회초리가 아닌가? 매를 든 부모도 매를 맞는 아이도 모두 아프다. 결국엔 둘 다 깊은 상처만 남는다. 그러니까 스토커라고 말하는 것이다.

 **자식, 부모의 대리인은 아니다**

자식을 부모 대리인으로 생각하고 있지는 않은가? 부모가 못

다 이룬 꿈을 자식에게 주입시키는 건 아닐까? 자녀가 잘되면 꼭 당신이 잘된 것처럼 어깨가 으쓱해질 것 같은가? 왠지 다른 사람들이 당신을 우러러볼 것 같아서? 세상을 다 얻은 것처럼 행복한 기분이 들 것 같은가? 그 기분을 느끼고 싶어서 자녀에게 그렇게 스토킹을 하고 있는 것은 아닌지 생각해 볼 일이다.

자녀에게 당신의 꿈을 주입시키니까 자녀가 잘 받아들여 주던가? 당신이 원하는 대로 자녀가 그 꿈을 이루기 위하여 잘 나아가고 있는가? 자녀가 원해서 선택한 꿈이 아니지 않는가. 자녀가 하고 싶은 일이 아니지 않은가. 당신이 못 이룬 꿈인데, 자녀는 이룰 수 있겠는가? 당신은 이루고 싶었는데도 못 이룬 것인데, 자녀는 자기의 꿈도 아닌데 그 꿈을 위하여 노력하고 싶은 생각이 들겠는가? 헛꿈인데!

언제까지 그렇게 스토커로 밀어붙일 참인가? 언제까지 자녀가 당신 말을 들을 것 같은가? 학원을 억지로 보내고 과외를 억지로 시키고 해 보지 않았는가. 효과가 나타나는 것 같은가? 그 효과가 언제까지 지속될 것 같은가?

사교육 효과에 관한 우석훈 박사의 견해를 들어보자. 서울 대치동 학원가 인재들의 한계는 대학 1학년까지라고 말한다. 2학년부터는 일반계 고등학교 출신이 더 높은 학점을 받기 시작하고 4학년 때는 농어촌 고교 출신이 상위권을 형성한다고 한다. 학원의 힘으로 대학까지는 갔지만 현실에서 필요한 능력은 키워지지 않았기 때문에 한계에 부딪힌다는 것이다.

김이삼 연구원의 말에 의하면, 중2 때를 정점으로 사교육 효과가 뚝뚝 떨어진다고 한다. 공부를 적당하게 잘하는 그룹의 학생들에게는 사교육 효과가 어느 정도 있는 것처럼 보인다고 한다. 사실 그 학생들은 꼭 그런 교육이 아니더라도 조금만 동기유발을 시켜주면 잘할 학생들이라는 것이다. 나머지 상위권이나 하위권 학생들은 사교육의 효과가 거의 없는 것으로 연구되었다.

학교 현장에서도 보면 선행학습을 한 아이들은 수업집중도가 확 떨어진다. 수업내용을 이미 배워서 다 안다고 착각하기 때문에 수업 중에는 대충 건성건성 듣는다. 그리고 또 학원에 가서 배울 거라는 생각 때문에 집중하여 듣지 않는다. 여러 번 공부했고, 공부 시간은 많이 투자했는데 비해 공부의 효율성은 완전히 떨어진다. '밑 빠진 독에 물 붓기'인데 무슨 소용이 있겠는가.

학원 교육도 아니라면 어떻게 해야 자녀를 당신의 자랑거리로 키울 수 있을 것인가? 자녀의 먼 미래를 볼 것인가? 당장 보이는 반짝 효과에 목숨 걸 것인가? 자녀를 기른다는 건 길고도 먼 장거리 경주가 아니던가! 그것도 장애물 경주가 아니던가!

진짜 사랑법도 배워야 안다

　세상에서 가장 어려운 일이 부모 노릇 하는 것이라고도 한다. 왜 이렇게 부모 노릇 하기가 어려운 걸까? 어렵다는 일 중에는 몰라서 어려운 일도 많다. 처음엔 어떤 일이라도 잘 모른다. 처음부터 잘하는 경우는 거의 없다. 처음 하는 일은 모두가 서툴고 어렵다. 그 일을 능숙하게 하게 될 때까지는 10~20배 힘이 든다. 처음은 다 어렵다고 느낀다. 부모 노릇이라서 유독 어려운 게 아니라 우리가 배우지 않고 처음 하는 일이라 어렵게 느껴질 수도 있는 것이다.

　과거에는 부모가 되기 위한 공부를 가장 중요시했다. 시집가기 전에는 따로 부모 되기 위한 공부를 했다. 살림 및 자녀 교육에 대한 공부를 하고 나서 부모가 되었다. 하지만 현대의 부모는 그런 공부를 거의 하지 않은 채 부모가 된다. 부모가 되면 이렇게 아이를 기르라고 구체적으로 교육을 하는 집안이 얼마나 되겠는가? 취직과 승진을 위한 공부는 넘치게 하면서도 행복에 있어 가장 중요한 일인 가정을 이루고 자녀 교육을 어떻게 해야 하는지에 대해서는 사회도 부모도 결혼 당사자들도 거의 신경 쓰지 않는다. 저절로 되는 것으로 생각한다. '설마 그렇게까지 어려울까?'하고 생각한다. 아니 부모가 된다는 것에 대하여는 한 번도 심각하게 생각해 본 적이 없을 것이다. 우리는 그렇게 엉겁결에 부모가 되었다.

더 큰 문제가 있다. 자신은 아이를 잘 키울 수 있는 부모라고 착각하고 있다는 것이다. 어디서 주위들은 지식을 총동원하여 자녀 교육에 대하여 일장연설을 할 만큼 열의를 가지고 있다. 그러나 '선무당이 사람 잡는다.'라고 하지 않던가. 대강 알고 있는 지식으로 자녀를 잘 키울 수 있겠는가? 자녀를 키우는 게 그렇게 쉽게 배울 수 있는 지식인가? 또 지식만으로 될 수 있는 일인가? 자녀 교육에 대하여 훤히 꿰뚫고 있어도 잘 안되는 게 자식 키우는 일인데, 모르면서 섣불리 덤비니까 더 힘든 것이다.

부모만 힘든 줄 아는가? 자녀는 부모를 포기할 수도 없는 입장이다. 물론 부모도 마찬가지지만……. 누가 더 갑인가? 자녀는 아직 부모를 벗어나면 생존이 곤란해진다. 어떻게든 부모를 받아들이고 독립하기 전까지는 함께 살아야 한다. 갑인 사람이 더 노력하면 상황은 쉽게 풀린다. 갑이 항상 키를 쥐고 있다. 당신이 진정한 갑의 노릇을 잘해야 한다.

자식을 너무 사랑해서 그랬다고 치자. 이제 그것이 스토커 사랑인 줄 알았다. 이제까지는 몰라서 그랬다고 해 두자. 몰라서 저지른 실수는 죄가 아니니까. 실수라면 자녀도 눈감아 줄 것이다. 하지만 이제 그만하자. 몰라서 하는 실수도 이제 그만하자.

자녀를 위해서도 부모를 위해서도 더 이상은 안 된다. 지금부터 진정한 사랑법을 배우자. 진짜 부모 되기 위한 공부도 하자. 낮은 자세로 배우자. 그리고 하나씩 실천해 보자. 누구나 배우면 훌륭한 부모가 될 수 있다. 당신도 훌륭한 부모가 될 수 있다. 부모와 자녀가 둘 다 행복해져야 당신은 진짜 부모다. 행복의 열쇠는 당신이 쥐고 있다.

♥

결국엔
부모가
복수
당한다

'복수'란 말에 많이 놀랐을 것이다.

'어떻게 자식에게 부모가 복수당한단 말인가?' 하는 생각이 들지도 모르겠다. 하지만 이미 우리는 복수당하는 부모들에 대하여 많은 사례들을 접해 오고 있다.

'자식이 어떻게 부모에게 저럴 수 있을까?' 하는 생각이 들던가?

'내 자식은 절대 저러지 않을 거야.' 하고 장담할 수 있는가? 부모는 자신도 모르는 사이에 복수당하고 있다. 자식은 자신도 모르게 부모에게 복수하고 있다. 이것이 한국의 현실이다.

어떻게 이런 현실이 왔을까? 어쩌다가 자녀가 부모에게 복수까지 하게 되었는가? '복수'는 누군가 자신에게 피해를 입혔을 때 하는 것이 아닌가? 원인 제공을 한 사람에게 하는 행동이 아닌가? 부모가 자식에게 어떤 피해를 입혔다는 말인가? 도대체 부모가 자식에게 복수까지 당하게 된 이유는 무엇일까?

뇌가 뿔났다

뇌는 정상적인 발달단계를 거쳐서 순차적으로 발달해 간다. 그럴 때 정상적으로 제 기능을 하는 장기이다. 그러나 한국의 부모들은 어떤가? 어떻게 해서든 내 아이는 다른 아이보다 공부를 잘해야 한다고 생각한다. 그래야 좋은 학교에 진학할 수 있고, 성공할 수 있는 길이 열린다고 생각한다. 그러기 위해서는 무조건 남들보다 공부를 더 잘해야 한다고 생각한다.

그래서 뇌의 발달단계를 완전히 무시해 버리고 과감하게 행동한다. 그리고 그 행동을 계속 밀고 나간다. 선행학습을 말한다. 뇌는 아직 준비가 되어 있지 않은데, 뇌에다가 억지로 끝도 한도 없이 집어넣으려고 시도한다. 먼저 집어넣은 사람이, 많이 집어넣은 사람이 잘할 거라고 생각하기 때문이다. 실제로 초등학교 1학년만 되어도 4~5학년 수준의 공부를 이미 하고 있는 경우가 대부분이다. 이렇게 하지 않는 학생들이 오히려 비정상이다. 이러한 무리한 선행 학습은 뇌에 엄청난 부담감을 준다. 뇌에 과부하가 걸린다(뇌의 과부하는 스트레스를 말한다). 뇌가 화가 났다.

이러한 스트레스는 아이의 무의식에 그대로 차곡차곡 쌓인다. 계속 그렇게 쌓이다 보면 성격이 된다. 부정적인 성격이 형성되는 것이다. 이러한 부정적인 정서는 자신도 모르게 부모에게 복수하는 데 가장 크게 작용을 한다. 이것이 복수의 메커니즘인 것이다.

뇌 발달을 무시하는 그 어떤 교육이나 자극은 자녀에게도 부모에게도 약이 아니라 독이다. 이 독은 부메랑이 되어 결국엔 부모에게 돌아간다. 아이에게 복수당하게 된다. 아이에게도 완전 독이다.

아이를 힘들게만 하고 공부 못하는 아이로 키우고 싶은가? 당신이 선행학습을 더 강조한다면 당신의 아이는 우울증이나 정신질환에 더 많이 시달리게 될지도 모른다. 어느 날 당신의 아이를 데리고 정신과를 찾게 될지도 모른다. 당신의 자녀를 이렇게 만들고 싶은가?

"선생님 나 이것 지난 겨울에 배웠어요. 공부방에서요." 담임을 하면 종종 이런 아이들을 본다. 하지만 안타까운 건 이 아이가 이미 배운 게 이것만이 아니라는 것이다. 하루 종일 학원으로 뺑뺑이를 돌려서 저녁 7시가 되어야 하루 일과가 끝이 난다. 초등 2학년의 현실이다. 학교에서의 아이는 하루 종일 멍한 상태다. 공부 시간에는 전혀 집중이 되지 않는다. 수업에 전혀 흥미도 없고 무기력한 상태 그 자체다. 뇌가 이미 포화상태인 것 같은 느낌이 든다. 정리되지 않은 잡동사니가 잔뜩 들어가 있어서 수업 내용조차 들어갈 틈이 없는 어수선한 창고 같다.

아이의 행동은 시한폭탄 같다. 걸핏하면 누가 때렸다고 하고, 말이라도 걸면 누가 시비를 걸었다고 다짜고짜 화부터 낸다. 친구들도 당황스러워한다. 얼굴이 늘 붉게 상기되어 있고 눈은 초점 없이 멍하게 풀려 있는 모습이다. 초등 저학년 아이들인데도 이런 아이들이 많다. 지금 우리나라 교육 현장, 자라나는 아이들의 모습이다.

누구의 잘못인가? 누가 피해자인가? 누가 복수당한 것인가? 그 아이가 늘 하던 말은 "엄마가 너무 미워요." "엄마가 없어졌으면 좋겠어요." 등이었다. 자신이 그렇게 공들이고 전심전력을 다하는 자식에게서 이런 소리를 듣는다고 상상해 보자. 부모의 마음이 어떨까? 이 부모가 자식을 위한다면 지금 해야 할 일은 무엇일까? 약을 처방받아 먹이는 게 방법일까? 정신과 치료 대신 이 아이를 구해낼 수 있는 방법은 무엇일까? 부모가 바뀌지 않으면 아이를 구해낼 수 있는 방법은 아무것도 없다고 미리 말해 둔다. 더 이상 아이가 피해자가 되어서는 안 된다. 아이는 지금 죽을힘으로 견디고 있는 것이다. 그런데 부모는 그 사실을 간과한다.

학교 현장에서는 위 아이와 같은 경우는 너무나 많다. 우리나라의 교육 현실은 뇌를 완전히 무시한 교육이다. 그래서 뇌가 뿔났다. 계속 뇌를 모른 체한다면 갈수록 그 심각성이 더해질 것이다. 지금 소아정신과는 차고 넘친다. 아이들의 우울증과 자살률이 세계 1위이다. 뇌를 끝까지 무시할 작정인가? 주위에서 아이들이 잘못되는 걸 보고 있으면서도 내 아이가 아니면 된다고 끝까지 모른 체할 참인가? 언제까지 모른 체하고 살아갈 수 있을 것인가? 여러분의 자녀들이 언제까지 참을 수 있다고 생각하는가?

끝까지 복수당할 것인가?

주말이나 공휴일에 놀이공원에 가면 흥미로운 광경을 자주 볼 수 있다. 수많은 사람들 속에서 놀이기구는 타지 않고 줄만 서서 기다리는 아빠들이 있다. 가족과 함께 놀이기구를 타러 온 게 아니라 줄을 서려고 온 것이다. 엄마, 아이와의 놀이 속에는 아빠가 없다. 줄만 잘 서 주고 놀이기구만 탈 수 있도록 해 주면 그만인 것이다. 물론 가족 사랑하는 맘으로 하는 거라 기꺼이 하는 행동이다. 하지만 꼭 이렇게까지 해야 하는가? 이런 아빠를 아이는 어떻게 생각할까? 하루 종일 줄을 서 준 아빠에게 고마워할까? 고마운 아빠를 위해서 이다음에 과연 어떤 효도를 할 수 있을까?

'기러기 아빠'에 대해서는 또 어떻게 생각하는가? 우리나라에서만 통하는 단어다. 가족이라는 게 뭔가? 함께 모여서 정을 주고받는 사이가 가족이 아닌가? 정을 나누며 그 속에서 행복을 만들어가는 사이가 가족이 아닌가? 부부가 그렇게 오래 떨어져 살아도 괜찮단 말인가? 보고 싶어 하고 그리워하는 게 가족이란 말인가? 자식을 위해서라면 어떠한 고통도 참아야 하는 게 부모란 말인가? 아빠는 돈 벌어주는 기계다. 한 달에 한 번 꼬박꼬박 돈을 송금하는 은행이다. 그 외에 자식에게 해 줄 수 있는 게 뭔가? 가끔 전화통화, 영상통화가 전부다. 이것으로 자식과 부모의 사랑이 채워진단 말인가?

엄마와 자식은 그렇다 치자. 아이들은 엄마가 있어서 나름대로 잘 자란다고 치자. 그리고 자식 키우는 동안은 엄마도 딴생각 않고 자식에게만 올인해서 외로울 틈이 없다고 치자. 혼자서 생활해야 하는 외로운 아빠의 마음은 누가 책임져 줄 것인가? 그것도 한 해 두 해도 아니고 자식이 공부 모두 마칠 때까지 오랜 세월을 말이다. 남자들이 그렇게 강한 사람이던가? 아빠라면 무조건 강해져야 한단 말인가? 감정도 없는 사람이란 말인가? 사람의 생리적 욕구는 또 어떻게 하란 말인가? 아빠도 사람이지 않는가. 그것도 젊고 건강한 사람이지 않는가. 내 표현이 너무 심한가? 상식선에서 생각해도 충분히 이해가 가고 남는 일이니까 하는 소리다.

자식을 위해서 그랬다고 하면 자녀가 정말 고마워할까? 그동안의 보상을 자식에게서 조금이라도 받을 수 있느냐 말이다. 자식이 이런 부모의 마음을 1/10이라도 알아주느냐 말이다. 왜 이렇게 엄청난 희생을 감당해야 하는가. 왜 부모는 자식에게 무조건 희생하고 살아야 하는가. 이 희생이 언제까지 계속되어야 하는가. 누구를 위한 삶인가. 정말 당신 자신을 위한 삶이란 말인

가. 자식을 위한 삶이어도 전혀 억울하지 않단 말인가. 끝까지 후회하지 않을 자신이 있단 말인가.

한국인구학회 발표에 의하면 우리나라 부모와 자녀가 자주 만나는 횟수가 27개 국가 중 26위이다. 이것은 무엇을 의미하는가? 부모가 자식을 위하여 자신의 인생을 다 바쳐 희생을 해도 소용이 없다는 말이다. 자식은 부모에게 전혀 효도하고 싶은 생각이 없다는 말이다. 더 흥미로운 조사가 있다.

"부모란 어떤 사람인가?"라는 물음에 '갑자기 돈이 필요할 때 찾는 사람'으로 답한 경우가 가장 많았다. 그래서 부모의 경제적 수준이 높을수록 부모와 자녀가 더 자주 만나는 것으로 조사되었다. 참 씁쓸한 현실이다.

이제 더 이상 기대하지 말자. 자녀에게 있어서 부모의 존재란, 사랑하고 존경하는 대상이 더 이상 아니다. 자신의 돈을 대어주는 금고에 지나지 않는다. 너무 슬픈가? 그런데 현실인데 어쩌란 말인가? 받아들여야 하지 않겠는가? 누가 이렇게 만들었는가? 아직도 늙어 죽을 때까지 자식을 위해 희생하고 살 작정이었는가? 언제까지 그렇게 희생만 하고 살 생각인가? 아직도 현실을 받아들이고 싶지 않은가? 잘못 키우다가는 사랑하는 자식이 당신에게 복수할 수도 있다는 엄연한 현실을 인정하고 싶지 않은가?

더 늦기 전에, 더 후회하기 전에 이제 자식에게 올인하는 삶은 스톱하기 바란다. 그리고 다르게 살아보자. 그래야 복수당하지 않는다. 그러면 도대체 어쩌란 말인가?

자녀가 진정으로 원하는 것은 무엇일까?

청소년 상담센터가 1,553명의 청소년들을 대상으로 조사한 바에 의하면, 청소년들은 '가정이 화목할 때' 가장 행복함을 느낀다고 답했다. 대한민국 청소년들의 행복감의 근원은 공부도 친구도 부자도 아니다. '화목한 가정'을 간절히 원하고 있다. 더 구체적인 내용을 살펴보면, 부모와 시간을 함께할 때가 가장 행복하다고 답했다.

이토록 서로 원하는 것이 달랐단 말인가? 이렇게 서로 다른데, 어떻게 상대를 이해할 수 있었겠는가? 부모가 자식을 이해할 수 없듯이 자식도 부모가 도저히 이해되지 않았을 것이다. 이 사실을 인정해야 한다. 그래야 당신의 할 일이 보인다. 자녀에게만 어떻게 하라고 강요할 게 아니라 당신이 어떻게 할지를 생각해 봐야 한다. 당신이 뭔가를 해 줄 때 자녀도 당신 편이 되어줄 것이다. 그리고 자녀도 당신을 위하여 뭔가를 할 것이다. 자꾸 자녀만 변하기를 바라는 어리석은 짓은 이제 그만하자. 자녀가 무엇을 원하는지 이제 알았으니 말이다.

학원을 너무 많이 보내서 아이가 늘 뿔이 난 것 같은 그 아이의 학부형을 불렀다. 아이와 보내는 시간이 얼마나 되는지 물어보았다.

"토, 일요일만 실컷 놀아주면 되지 않나요? 평소에는 학원숙제 하느라 아이랑 놀아줄 시간이 전혀 없어요."

그게 뭐 잘못되었냐는 듯이 오히려 내게 따지는 듯한 눈치다. 잘못되어도 너무 잘못된 것을 엄마만 모르고 있었다. 앞으로 계속 이러면 이 아이가 어떻게 되어갈지는 뻔한데, 엄마만 나의 충고를 받아들여주지 않았다.

당신도 자녀에게 해 온 것을 한번 점검해 보길 바란다. 무엇을 잘못했는지 알아야 잘할 수 있는 일을 생각해 볼 것 아닌가? 당신은 자녀에게 어떻게 하는 부모였는가? 충분히 사랑해 주고 돌봐주는 부모였는가? 공부만을 강요하는 부모였는가? 만약 당신이 공부만을 강요하는 부모라면 빨리 당신의 행동을 바꾸어야 할 것이다. 그렇지 않으면 각오해야 할 것이다. 지금은 별 문제 없어 보일지 모르나, 갈수록 사이가 더 나빠질 것이다. 더 말을 안 듣게 될 것이고, 마지막은 당신에게 복수할 것이다. 그때는 이미 늦을지도 모른다. 자녀를 위하여, 당신을 위하여 지금 어떻게 해야 하는가? 당신에게 하는 마지막 경고이다.

가짜부모
벗어나기

부모면허증,
의사소통법으로
합격하자

그동안 부모면허증 없이 자녀를 키우느라 얼마나 애먹었는가. 무면허로 사느라 얼마나 조마조마했는가. 혹시 교통사고라도 나지 않았는가? 자녀도 다치고 부모도 다친 곳은 없는가? 자동차는 안전한가?

부모면허증 없이 별 사고 없이 살아왔다면 천만다행이다. 자녀에게 고마워해야 한다. 당신이 잘해서 그런 게 아니라 자녀가 부모면허증 없는 당신을 많이 도와준 것이다. 자녀의 지상최대의 목표는 부모를 기쁘게 하는 일이기 때문이다. 빨리 부모면허증 따서 자녀에게 마음의 빚을 갚아야 할 것이다. 사실 부모면허증을 따면 당신이 더 좋다. 자녀가 당신에게 더 잘하는 자녀가 되어 줄 것이기 때문이다. 부모면허증 없이도 잘했으니까 오죽 더 잘할까 말이다.

무면허로 사느라 얼마나 힘들었을까! 자동차도 부서지고 마음의 상처도 많이 받았을 것이다. 이러다가 결국엔 큰일 난다. 사춘기쯤 되면 원수지간이 따로 없는 사이가 된다. 되돌릴 수 없는 관계가 되기도 한다. 부모—자녀 사이가 되돌릴 수 없을 만큼 안 좋아져도 좋은 관계로 되돌려 놓는 방법이 있다. 상처도 치료하고 자동차도 수리할 수 있다. 예전의 좋았던 관계보다 더 좋은 관계로 업그레이드할 수 있다. 나만 믿고 따라오면 된다. 나도 돌이킬 수 없을 만큼 되었는데도 더 점핑하여 되돌아왔으니 말이다.

이 장부터는 본격적으로 가짜 부모 벗어나기 위한 방법을 하나하나 배워나갈 것이다. 진짜 부모 되기 위한 출발을 하는 것이다. 그동안 가짜 부모로 살아온 삶을 이제 청산하는 시간이다. 진짜 부모가 되기 위한 가장 빠르고 효과적인 방법을 배우는 단계이다. 의사소통법이 그것이다. 의사소통법으로 얼른 부모면허증 시험에 합격하자. 부모면허증 가지고 당당하게 운전하자. 그동안 자녀 키우는 데 힘들었던 많은 부분들이 해결될 것이다.

 **의사소통, 관계의 소통이다**

'의사소통법을 배워서 뭐 하겠다는 거야? 그냥 평소대로 하고 살아도 지금까지 별 지장 없이 살았는데…….'

정말 별 지장이 없었던 것일까? 당신만 못 알아차린 것은 아닐까? 앞으로도 계속 별 지장이 없을까?

부모에게 "자녀와 의사소통이 됩니까?"라고 물었더니 50%가 "네."라고 대답했다. 아이들은 어떻게 답했을까? 고작 5%가 부모와 의사소통이 된다고 대답했다. 부모와 자녀가 생각하는 의사소통에는 분명히 큰 차이가 있는 것 같다.

의사소통의 뜻부터 짚고 넘어가자. 의사소통(意思疏通)이란, "뜻과 생각이 서로 막히지 않고 잘 통한다."라는 뜻이다. 뜻과 생각이 서로 막히지 않고 잘 통하려면 두 가지만 잘하면 된다. 그게 무엇일까? '듣기'와 '말하기'다. 듣기와 말하기는 우리가 평소에 늘 하고 있는 것 아닌가. 그런데 왜 소통이 잘 안된다고 말하는 거지? 그냥 '듣고 말하기'는 귀가 아플 정도로, 입이 아플 만큼 많이 하는데, 정작 '잘 듣기'와 '잘 말하기'는 잘 실천되지 않고 있다는 말이다. '잘 듣고 잘 말하기'가 그만큼 어렵다는 말이다.

이렇게 어려운 의사소통법을 왜 꼭 배워야 하는 것일까? 의사소통법을 배우는 목적은 관계의 소통을 위해서다. 부모와 자녀의 관계가 더 좋아지게 하기 위해서다. 부모 자녀가 서로 친한 사이가 되게 하기 위해서다. 부모와 자녀가 관계가 좋으면 무엇이 좋은가? 서로에게 좋은 영향을 미칠 수 있기 때문이다. 부모 자녀가 서로의 성장에 도움이 되는 관계가 될 수 있다는 말이다. 부모는 자녀가 잘 성장하도록 돕는 사람이 될 것이고, 자녀의 성장을 도우면서 부모도 함께 성장해 간다는 것이다. 결국 부모와 자녀가 소통을 통하여 행복한 삶을 살 수 있게 된다는 말이다. 의사소통법을 배우는 궁극 목적은 부모-자녀 둘 다 행복한 삶을 살기 위해서다. 부모가 된 이유는 행복하기 위해서가 아니었던가!

 ## 소통의 시작-경청부터

경청(傾聽)이란 말의 한자어를 살펴보면 기울여서(傾) 듣는다(聽)는 뜻이다. 들을 청(聽)을 다시 분석해 보면, '임금님의 귀처럼 귀를 쭉 늘여서(耳+王, 잘 듣기 위하여), 열 개의 눈(十+目, 상대방의 표정을 잘 관찰하면서)과, 하나의 마음(一+心, 온 마음)으로 듣는다'는 뜻이다. 다시 말하면 '경청'이란 잘 듣기 위하여 귀를 쫑긋 세우고 상대의 표정을 잘 살피면서 온 마음을 다하여 듣는다는 뜻이다. 결국 다른 사람의 말을 경청한다는 것이 어렵다는 말이다. 이 말은 다르게 표현하면 경청만 잘해도 의사소통의 많은 부분이 해결된다는 뜻이다. 이처럼 경청은 소통의 출발이고 다른 사람을 위한 배려이며 함께 윈-윈 할 수 있는 아주 중요한 소통의 기술이다.

훌륭한 리더들 중에서도 경청의 중요성을 알고 경청의 리더십을 발휘한 사람들이 많다. 삼성의 이병철, 이건희, 이재용에 이르기까지 이 경청을 집안의 교훈으로 삼고 경청의 리더십을 발휘하여 경영을 하려고 노력한 사람들이다.

 ## 언어보다 더 중요한 비언어

일찍이 미국의 캘리포니아대학 사회학자 알버트 메러비안 교수가 조사한 바에 의하면, 메시지 전달에서 말이 차지하는 비중이 7%, 목소리인 음조, 억양, 크기 등이 38%, 비언어적인 태도가 55%에 달한다고 한다. 이 주장을 그대로 받아들인다면 의사소통에서 언어적 메시지가 차지하는 비중은 겨우 7%밖에 되지 않는다는 말이 된다.

이런 경험 없는가? 상대방이 별소리는 안했는데, 왠지 그 사람 때문에 화가 나고 상대방이 미워진 적 없는가? 상대방 말의 내용 때문이 아니라 말의 톤이나 전해지는 분위기 때문이다. 이런 것이 오해가 되어 서로의 관계가 나빠진다.

부모 자녀 간에도 이런 경우가 많다. 자녀와 소통하기 위하여 대화를 시도해 놓고는 대화를 시도하지도 못하고 기분이 상해서 일어나는 경우가 많다. 부모 자녀가 대화를 해야 하는 건 좋은 관계를 위해서라고 했다. 관계가 좋아야 서로 좋은 영향을 주고받으며 성장할 수 있기 때문이다. 〈유자식상팔자〉프로그램에서

'고발카메라' 부분을 보면 부모의 말투 그대로 자녀도 닮아 있는 것을 본다. 부모가 평소에 그런 말투를 사용했다는 것이다. 자녀와 진정한 소통을 원한다면 대화의 내용을 떠나서 자녀에게 어떤 어조와 분위기로 자녀와 마주하는지 스스로 점검해봐야 할 것이다.

소통하려다 불통된다–의사소통의 걸림돌

부모들은 아이가 힘들 때 도와주고 싶어서 안달이 난다. 학교에서 시무룩해서 돌아오면 어떻게 말하는가?

"학교에서 무슨 일 있었어?"

"누가 그랬어?"

"엄마가 그 친구 혼내주어야겠다."

"넌 그런 것 신경 쓰지 말고 공부나 해라."

따발총 질문이 이어진다. 이 말을 들은 아이는 어떤 생각이 들까? 부모하고는 더 이상 말이 안 통한다고 느낄 것이다. 앞으로는 어떤 힘든 일이 있어도 부모에게는 절대 말하지 않아야겠다고 다짐할 것이다.

이것이 의사소통의 걸림돌이다. 부모는 자녀를 도와주려고 한 말이었다. 부모가 걸림돌을 사용한 순간 대화가 더 이상 진행되지 않고 멈춰 버렸다. 부모–자녀 사이만 더 나빠졌다. 아이가 걸림돌에 걸려서 넘어진 경우이다. 아이가 마음을 다쳐서 피를 철철 흘리고 있다고 생각하면 된다. 부모가 의사소통의 걸림돌을 사용했기 때문이다.

아이가 힘들 때 의사소통의 걸림돌을 사용하면 아이도 다치고 부모도 다친다. 부모와 자녀 사이가 더 나빠진다. 소통이 되는 것이 아니라 더 불통이 된다.

아이가 힘들어할 때 부모가 아이를 도와주려고 할 때 의사소통의 걸림돌을 안 써야 되는 이유이다. 그러면 귀한 내 자식 저렇게 힘든데 그냥 보고만 있으란 말인가? 도대체 어떻게 하라는 말인가?

 ## 그냥 듣기만 해도 충분하다

자녀가 힘들어하면 자녀의 말에 그냥 귀 기울여 들어만 주면 된다. 이것이 소극적 경청이다.

우리도 마음이 힘들 때 누군가에게 실컷 이야기하고 나면 목까지 차올랐던 감정이 쑥 내려가면서 마음이 가라앉는 것을 경험해 본 적이 있을 것이다. 상대의 말을 그냥 들어 주기만 해도 힘든 마음이 많이 해소가 된다.

자녀가 힘들어서 부모에게 무슨 말을 하면 부모는 하던 일을 바로 멈추고 자녀를 보아야 한다. 경청의 태도와 마음으로. 부모가 진심으로 듣고 있다는 생각이 들면 자녀는 자기의 마음을 쏟아내게 된다. 그런데 스마트폰 하면서, 컴퓨터 하면서 건성건성 듣는 것을 자녀들도 다 안다. 진심으로 들어주지 않는 사람에게는 하고 싶은 말이 있어도 입을 닫아 버린다. 입이 닫히는 것과 동시에 마음의 문도 닫힌다.

　상담장면에서도 소극적 경청만 해 주어도 30분 이상 상담이 이어진다고 한다. 일상생활 속에서는 그보다 훨씬 더 오랫동안 대화가 이어질 수 있다는 말이다. 부모가 바로 걸림돌을 사용하기 때문에 대화가 금방 끊어지는 것이다.

부모 교육 프로그램에 참여했던 한 아이의 아빠는 소극적 경청을 배우고 나서 그동안 사이가 별로 좋지 않았던 아들에게 써먹어야겠다고 마음을 먹었다고 한다. 서울로 올라가는 차 안에서 들어주기를 시작했는데, 서울에 도착해서 겨우 끝났다고 한다. 차가 좀 밀려서 천만다행이었지, 거의 6시간 동안 쉬지 않고 말을 쏟아내더라는 것이다. 신기한 것은 그 이후로 아들과 소원했던 것이 다 풀어지고 사이가 훨씬 좋아졌다고 한다. 그냥 들어주기만 했는데도 사이가 좋아졌다면서, 소극적 경청의 엄청난 효과에 대하여 흥분하면서 경험담을 들려주었다.

마음을 읽어주자-수용, 공감, 경청

이제 자녀의 마음을 읽어주자. 마음을 읽어주는 방법으로 수용, 공감, 경청의 방법이 있다.

수용이란 자녀가 다른 생각, 다른 감정, 다른 행동을 할 수 있다는 것을 인정하고 받아들이는 것을 말한다. 자녀가 부모와 다른 게 잘못된 것이 아니라고 생각하는 것이 중요하다.

"너는 놀고 나서 숙제를 하고 싶은 거구나."

"넌 그것에 대하여 그렇게 생각할 수도 있겠구나."

"화가 나면 그 말이 불쑥 나올 수도 있겠구나."

공감이란, 자녀가 느끼는 감정을 그대로 부모도 느낀다는 것이다. 부모 자신도 자녀와 같이 느끼고 그렇게 생각한다는 것이다. 자녀는 부모가 자기의 마음을 알아주고 받아들여 주었다는 것만으로도 마음이 움직이기 시작한다.

엄마가 자기편이 되어주면 아이는 마음이 든든해질 것이다. 자기에게 지원해 주는 사람이 있기 때문이다. 그 사람이 사랑하는 엄마니까 더 많이 위로받고 힘을 얻게 될 것이다. 그래서 엄마가 말하는 것을 더 잘 듣게 되고 실천하려고 노력하게 될 것이다. 한마디로 말을 잘 듣는 아이로 달라질 것이다. 사랑하는 부모를 위하여 더 좋은 행동을 하려고 노력하게 된다.

"엄마도 놀고 싶을 것 같아."

"엄마라도 속상했을 것 같아."

"엄마라도 그 친구가 미워졌을 거야."

경청은 아이의 마음을 잘 들여다보고 아이의 마음을 잘 읽은 다음, 그 마음 그대로를 아이에게 되돌려 주는 것을 말한다. 마음을 반영하여 반영한 마음을 언어로 표현해서 말해주는 것이다. 아이가 어떤 마음이었는지를 명확하게 알게 되고, 미처 생각지도 못한 감정도 알아차리게 도와준다. 이것을 반영적 경청 (적극적 경청)이라는 말로 표현한다.

"친구들이 너랑 안 놀아준다고 해서 많이 속상했겠구나."

"엄마가 동생을 더 많이 예뻐해 주는 것 같아서 많이 서운했겠구나."

"엄마가 고함지르면서 공부하라고 해서 많이 놀랐겠구나. 무서웠고."

아이들은 자기 마음을 정확하게 알아차리지 못한다. 부모가 마음을 알아주기만 해도 아이는 감정을 추스른다. 감정을 추스르면 그 다음 올바른 행동을 할 생각이 든다. 자기 스스로 바람직한 행동을 선택하고 실천할 수 있게 된다. 아이가 자기주도적으로 행동할 수 있도록 돕는 것이 된다. 수용, 공감, 경청을 구분하여 사용할 필요는 없다. 자녀의 마음을 읽어주는 따뜻한 대화로 잘 활용하면 된다.

 바람직한 행동으로 유도하자

감정만 읽어주면 자녀는 어떻게 될까? 감정을 잘 다스리지 못하고, 스트레스로 감정이 올라올 때마다 "힘들어.", "속상해."라는 말을 자주 할 것이다. 반대로 감정은 읽어주지도 않고 행동만 통제한다면? 감정을 자연스럽게 표현하지 못하게 되어 스트레스가 쌓일 것이다. 스스로 하려는 의지가 상실되고, 부모에게 수동적으로 이끌려 가거나 반항하는 삶의 자세를 취하게 될 것이다. 감정에도 치우치지도 않고 스트레스도 쌓이지 않으면서 바람직한 행동으로 서서히 고쳐나가면 될 것이다. 마음을 읽어준 다음에는 자녀가 할 수 있는 행동으로 유도하면 된다.

반영적 경청

🧒 : 엄마, 친구들이 나랑 안 놀아준단 말이야.

👩 : (알맞은 표정을 하면서) 우리 딸, 속상했겠다.

🧒 : 응, 친구들이 나만 왕따시킨단 말이야.

👩 : 너무 힘들었겠다. 어떤 일이 있었는지 엄마에게 이야기 좀 해 줄 수 있어?

🧒 : 학교에서……. (구구절절 이야기하면)

👩 : 힘들었겠다. (화났겠다, 억울했겠다 등 상황에 맞게 수용, 공감, 경청해준다)

바람직한 행동으로 유도하기

감정이 수그러들면 구체적인 행동으로 유도하기 위한 대화를 한다.

👩 : 앞으로 어떻게 하고 싶은 거니?(친구들하고 친하게 지내고 싶다는 말이니?)

🧒 : 네.

👩 : 친구들이랑 친하게 지내려면 어떻게 하면 좋을까?(네가 할 수 있는 일은 없을까?)

🧒 : 친구에게 사과하면 안 될까?

71
♥

: 친구에게 사과하고 싶다는 말이구나. 누구에게, 언제, 어떻게 사과할래?(대화로 자녀가 할 수 있는 행동을 스스로 찾도록 도와주고 행동을 선택하여 실천하도록 구체적인 방법으로 유도한다.)

 : 내일 아침에, 등교하자마자 OO에게 먼저 사과해 볼래.

 : 엄마랑 연습해 볼까?(연습을 시키면 좋다. 아이가 더 안심할 수 있다.)

이대로 실천해 보고 엄마랑 또 이야기 나누자.(실패해도 다시 엄마랑 이야기 나누면 되니까 용기 내어 한다. 대부분 성공한다)

자녀의 말을 잘 들어 주어야 하는 이유는 아이 스스로 문제를 해결할 수 있도록 돕기 위해서다. 감정이 올라온 상태에서는 자신의 문제를 잘 해결할 수가 없다. 그리고 아이는 자기 감정을 잘 알아차리지도 못한다. 아이가 못 알아차리는 감정을 엄마가 먼저 알아차려서 읽어주면 아이는 자신의 감정을 서서히 가라앉힐 수 있게 된다. 감정이 서서히 가라앉고 나면 자기의 문제를 스스로 해결할 수 있는 힘이 생긴다. 자기 스스로 문제를 해결할 수 있도록 대화법을 사용하여 유도를 하면 된다.

모든 아이는 스스로 문제를 해결할 수 있는 능력을 가지고 태어난다고 한다. 자기 문제를 자기 스스로 해결할 수 있는 것이 자기주도적인 삶이고, 또 자기 문제를 스스로 해결했을 때 유능감이 생긴다. 유능감은 다음 일을 또 해 볼 수 있는 자신감으로 연결된다. 이런 점에서 아이의 말에 경청해야 하는 이유가 충분히 있다.

 ## 말하기 - 내 마음 전하기

듣기가 자녀의 마음을 읽어주는 것이라면 말하기는 내 마음을 자녀에게 전하는 방법이다. 흔히 하는 방법으로 나-전달법이 있다. 쉽게 나-[감정]-전달법이라고 이해하면 기억하기 쉬울 것이다. 결국 나-전달법은 나의 감정을 상대에게 전달하는 것이라는 뜻이다.

예전에 있었던 일이다. 갑자기 많이 아파서 딸에게 문자를 넣었다.

"엄마, 지금 많이 아프다."

몇 초 후에 바로 문자로 답이 왔다.

"엄마, 건강 조심해."

답은 받았지만 서운한 마음이 들어서 마음이 삐졌다. 그 다음 날 전화를 했다. 그리고 이렇게 말했다.

"딸아, 어제 엄마 아프다는 말에 네가 문자로 답을 하니까 엄마가 너무 서운했어."

"엄마, 왜?"

"딸이 엄마를 별로 생각하지 않는 것처럼 느껴져서."

그랬더니 딸이 이렇게 말했다.

"난 엄마가 별로 안 아픈 줄 알았지. 이제 엄마 아프다고 하면 바로 전화할게."

그 일 이후로 딸은 내가 아프다고 하면 즉시 전화를 해 주었다.

어떤가? 눈치챘는가? 방금 딸과 주고받은 내용이 나-전달법이다. 있었던 일에 대한 내 감정(마음)을 솔직하게 전했을 뿐인데, 딸이 자기의 행동을 수정해 주었다. 내가 딸에게 도움을 받았다. 이게 바로 나-전달법을 하는 이유이다.

멋쟁이 딸은 고등학교 때 아슬아슬하게 치마를 짧게 해서 입고 다녔다. 이런 상황일 때도 나-전달법으로 감정을 전했다.

나-전달법1

👩 : 딸아, 네가 그렇게 아슬아슬하게 해서 가니까 학교에서 지적받을까 봐 불안불안해서 엄청 마음이 쓰여.

👧 : 엄마 조심할게.

그리고 딸은 교복 두 개를 가지고 다니면서 그 아슬아슬함에 잘 대처했다. 조심하는 게 그거였다. 그러면 되지 않았는가. 사춘기 때 한창 꾸미고 싶을 텐데 무조건 이래라 저래라 충고하고 조언하면 아이가 부모 말을 잘 듣게 되느냐는 말이다. 딸과 사이만 나빠질 뿐이다. 나-전달법으로 내 감정을 슬쩍 전하면 된다.

방학이 되면 머리에 물을 들이려고 했다. 너무 눈에 띄게 들이려고 해서 이렇게 말했다.

나-전달법2

: 딸아, 네가 머리에 그런 색깔로 물을 들이려고 하니까 엄마를 아는 사람들이 자식 잘못 키웠다고 엄마를 흉볼까 봐 신경이 쓰여.

: 엄마, 색깔 조금만 다운시킬게.

나-전달법은 상대에게 도움을 받는 기술이다. 내 감정을 말하면 자녀가 스스로 책임감을 느낀다. 왜냐하면 자녀의 행동 때문에 내 마음이 불편해졌으니까. 그래서 자녀는 책임감을 느끼고 스스로 행동을 바꾸어 준다. 결국엔 부모가 자녀에게 도움을 받은 것이다.

소통을 하려는 이유는 관계의 소통을 위함이다. 자녀와 사이가 좋아야 내 말이 먹혀들어간다. 명령, 강요하면 순종, 복종은 받아낼 수는 있지만 사랑이나 배려를 받을 수는 없다. 속으로는 반항심만 더해 갈 것이다. 어느 순간 부모와는 전혀 소통을 하려고 하지 않을 것이다. 소통이 단절되면 관계는 끝이다. 한 집에서 살고도 남남처럼 살기를 원하는가?

 ## 초보운전 시절이 가장 힘들다

지금까지 의사소통법을 배웠다. 의사소통법으로 이제 겨우 부모면허증은 합격했다. 먼저 진심으로 축하한다. 이제 가짜 부모는 벗어났다. 진짜 부모로 새롭게 출발을 하자. 운전면허증을 따고 이제 막 초보운전을 시작한 것이다. 운전대만 잡으면 진땀이 날 것이다. 차라리 운전대를 안 잡고 싶을 것이다. 괜히 운전면허 땄다고 후회도 많이 할 것이다.

하지만 걱정 마라. 누구나 초보운전 시절이 있다. 초보운전 시절이 제일 힘들다. 초보운전 시절을 견뎌내야 편안하게 운전할 날이 온다. 조금만 견디면 금방 넘어설 수 있다. 언제 초보였었나 말할 날이 올 것이다. 반드시 그런 날이 오니까 용기 내어 운전대 잡고 조심조심 운전을 시작하기 바란다. 절대 포기하지 말기 바란다. 연습하지 않고 그대로 두면 평생 장롱면허로 사장되고 만다.

의사소통법도 마찬가지다. 경청과 나-전달법도 지금은 초보 단계이다. 초보운전자처럼 잘 되지 않을 것이다. 잘 안 되는 것이 정상이다. 새 신발 사서 발에 익숙하지 않은 것처럼 어색하고 불편할 것이다. 기법만 배웠지 연습은 하지 않은 상태이기 때문에 어색하고 불편한 것은 정상이다.

생활 속에서 경청도 나-전달법도 열심히 연습하면 된다. 열심히 연습하면 반드시 초보를 넘어설 수 있다. 걷는 것처럼 편안하게 운전할 그날이 온다. 생활 속에서 자연스럽게 경청도 나-전달법도 사용할 그날이 온다. 그리고 조금 더 연습하면 생활 속에서 자동으로 능숙하게 사용할 수 있게 된다. 전혀 의식하지 않아도 운전을 잘할 수 있는 것처럼. 이쯤 되면 베스트 드라이버의 경지이다.

나도 처음 의사소통법을 배웠을 때는 전혀 되지가 않았다. 마치 남의 옷을 걸친 것처럼 부자연스러웠다. 자꾸 예전 옷으로 갈아입고 싶었다. 편안해지고 싶은 마음 하루에도 열두 번도 더 들었다. 괜히 배웠다고 후회한 적도 많았다. 하지만 불편함을 무릅쓰고 연습했다. 언젠가는 되겠지 하며 어색한 시간을 견뎌 냈다. 조금씩 되기 시작했다. 조금만 되어도 효과가 나타나기 시작했다. 자녀는 엄마의 변화를 금방 알아챘다. 부모가 1% 노력하니까 자녀는 99% 달라졌다. 이 배신하지 않는 진실을 믿고 연습해 보기 바란다.

당신도 분명히 나랑 똑같은 과정을 거칠 것이다. 어떤 날은 성공하고 어떤 날은 실패할 것이다. 계속 연습하고 실패해도 또 연습하고 하면 성공하는 날이 늘어날 것이다. 의사소통법은 이론이 아니라 실천이다. 자꾸 예전처럼 말하고 싶어도 자꾸 연습해 보아라. 열 번 시도했다가 한 번 성공해도 잘 되어가고 있는 것이다. 자녀는 부모의 그 한 번 성공에 달라지는 것이다. 달라질 준비를 하고 기다리고 있다는 것을 믿어야 한다. 부모의 애씀을 가장 잘 알아주는 사람은 바로 자녀다. 조금만 잘해도 박수쳐 주고 자기의 행동을 멋지게 바꿔 줄 우리의 아들, 딸들이다.

이제는 가짜 부모로 사는 인생과 절대 타협하지 말자. 가짜 부모에서 완전히 벗어나기 위한 일 아닌가? 이 관문만 통과하면 8할은 넘은 것이다. 그만큼 의사소통법이 어렵다는 말이다. 안 배워서 어려운 거지 배우고 실천하면 생각보다는 어렵지도 않을 것이다. 나를 믿어라. 이것만 잘 통과하면 진짜 부모로 사는 것은 다 된 것이다. 소통이 해결되면 이제 부모로 사는 것은 불행 끝 행복 시작이다.

※ 의사소통법은 PET프로그램의 내용 중 일부를 적용한 것임을 밝혀둠.

자녀 사용 설명서,
정서를
알면
보인다

질문으로 시작하겠다. ○/×로 답해 보기 바란다.

   ① 행복한 아이가 공부도 잘한다. (○, ×)
   ② 행복한 아이가 친구도 잘 사귄다. (○, ×)
   ③ 행복한 아이가 성공한다. (○, ×)

○는 몇 개인가? ×는 몇 개인가? 정답은 모두 ○이다. 의외
의 답인가? 몇 개를 맞혔는가? 몇 번이 제일 헷갈리는가?

부모 교육을 해 보면 1번에서 많이 헷갈린다. '행복하지 않아
도 공부를 잘할 수 있다.'는 생각을 가지고 있는 부모들이 의외
로 많았다. 실제로 그렇게 하고 있다는 말이었다. 이 대답을 듣
고 큰일 났다 싶어서 혼자서 고개를 세차게 가로로 흔들었다.
부모들은 아이들 공부는 열심히 챙기는데 행복은 챙기지 않는

눈치다. 그래서 마음이 더 조급해졌던 것이다.

2번은 대부분 ○를 한다. 행복한 아이가 친구를 잘 사귀는 것은 알고 있는 것 같다. 그런데 학교 현장에서 보면 부모가 알고 있는 것과 실천하는 것과는 차이가 있다. 자녀가 친구랑 갈등이 있으면 당장 자기 자녀에게서 문제를 찾는 것보다 자녀랑 싸운 그 친구에게 문제가 있다고 말한다.

"그 친구랑은 놀지마."

"그 친구, 엄마가 혼내주어야겠다."

당신도 혹시 이렇게 대처하지는 않았는가? 당신도 그 친구가 항상 문제라고 생각하는 부모는 아닌가? 왜 싸움을 하는 아이가 항상 싸우고, 그 싸움에 휘말리는 아이는 항상 휘말리는가? 당신의 자녀가 항상 이런다면 그 이유가 궁금하지 않은가?

3번은 당연히 더 헷갈린다. 1번이 헷갈리면 3번도 헷갈린다.

'성공하려면 꼭 행복해야 하는 걸까?'

'주위엔 행복 안 해도 성공한 사람 많던데.'

이런 생각 때문일 것이다. 한번 생각해 보자. 성공하려면 어떤 조건이 필요하다고 생각하는가? '자기 할 일 잘하기', '인간관계 잘하기' 이 두 가지를 잘하면 성공할 확률이 높다고 한다. 1번은 자기 할 일 잘하는 능력, 즉 문제해결력이다. 2번은 대인관계 능력이다. 어려서부터 자기 할 일 잘하는 아이, 친구랑 잘 사귀며 사이좋게 노는 아이가 결국 성공할 확률이 높다는 말이다. 여기서 내가 말하는 성공은 진정한 의미의 성공을 말한다. 자신과 다른 사람에게 유익함을 주는 성공을 말한다. 즉 행복하게 성공한 사람을 말한다.

이제부터는 왜 이런 답이 나왔는지 알아보자.

'감정의 뇌'를 보살펴라

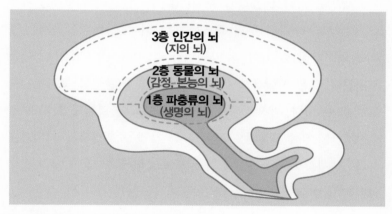

[뇌의 3층 구조] – EBS에서 인용함

뇌는 3층의 구조로 되어 있다.

1층은 '생명의 뇌'이다. 호흡 및 맥박·혈압 조절, 체온 조절 등을 한다. 배변, 배설과도 관계 있다. 생명의 위협을 느끼면 도망가고 공격을 한다. '파충류의 뇌'라고도 한다. 1층 뇌에 지장이 있는 아이는 그렇게 많지 않을 것이다. 그러면 다음 2층 뇌로 올라가 보자.

2층 뇌는 '동물의 뇌'이다. 즉 감정과 본능의 뇌이다. 자신이 행복한지 불행한지, 기쁜지, 만족스러운지, 슬픈지, 속상한지 등 모든 감정들을 알아차리고 그 감정들을 느끼는 곳이다. 또한 본능과도 연관되어 식욕, 성욕, 수면과 관련이 있다. 감정이 불편할 때 본능적인 욕구도 지장을 받는다는 것은 경험을 떠올려 보면 금방 이해가 될 것이다. 당신의 자녀들의 2층 뇌는 잘 보살펴지고 있는가?

마지막 3층 뇌로 올라가 보자. 3층은 '인간의 뇌'이다. 지의 뇌, 즉 사고하는 뇌, 문제 해결을 하는 뇌이다. 아이들에게는 공부의 뇌이다. 3층 뇌의 앞부분은 전두엽이다. 전두엽은 뇌의 총지휘관과 같은 역할을 한다. 자신이 무엇을 잘하고 못하는지를 파악할 수 있다. 무엇을 포기하고 무엇을 더 열심히 할지도 결정한다. 일의 우선순위도 결정한다. 감정을 조절하는 뇌이기도 하다. 문제를 해결해 갈 때 감정을 조절해야 할 일이 많지 않던가? 이것 모두 전두엽이 하는 역할이다.

2층 뇌가 잘 활성화되어야 공부도 잘하게 된다. 2층 뇌가 잘 활성화된다는 말은 무엇인가? 자녀의 감정이 물 흐르듯 잘 흐르게 하면 된다. 자녀 스스로는 대부분 자신의 감정을 잘 알아차리지를 못한다. 그래서 부모인 우리가 도와주었다. 부모가 대신 자녀의 감정을 읽어주었다. 그것이 앞에서 말한 경청이다.

자녀의 감정을 읽어주니까 자녀의 감정이 쑥 내려가는 것을 확인하지 않았는가? 2층 뇌를 도와주었기 때문이다. 막혀있는

2층 뇌에 길을 뚫어 주었기 때문이다. 뚫린 길로 감정이 왔다갔다 물 흐르듯 흘러갈 수 있었던 것이다. 자녀의 감정을 읽어주는 역할이 그래서 중요한 것이다. 감정을 읽어주는 것이 바로 2층 뇌를 잘 활성화시켜주는 방법이다. 경청을 잘 해주는 일은 2층 뇌(감정의 뇌)에다가 8차선 고속도로를 만들어 주는 일이라고 했다. 8차선 고속도로가 뚫려 있다면 3층으로 가기가 얼마나 빠르겠는가. 뚫린 고속도로를 타고 바로 3층 뇌로 직행해 갈 수 있다.

3층 뇌는 공부의 뇌이다. 2층 뇌에서 벌써 3층 뇌로 가는 길에 8차선 고속도로가 뚫려 있으니까 3층 뇌로 바로 직행할 수 있다. 최소한 100km 주행속도다. 완전 질주할 수 있다. 얼마나 신나게 잘 달리겠는가. 공부가 저절로 잘 된다. 감정의 뇌만 활성화시켜주면 된다. 3층 뇌로 올라오면 전두엽이 알아서 총지휘하면서 문제해결을 척척 해나가게 되는 것이다. 전두엽이 하는 역할을 떠올려보면 왜 공부가 잘 되는지 이해가 쉬울 것이다.

반대로 생각해 보자. 2층 뇌는 전혀 돌보지 않고 3층 뇌에만 무조건 집중하면 어떻게 될까? 8차선 고속도로는 고사하고 한방향 비포장도로도 겨우 뚫려있는 길이다. 차는 달리고 싶은데 비포장도로에서 차가 잘 달릴 수 있을까? 주행속도 얼마쯤 예상되는가? 40km? 아니다. 비포장도로라면 20km쯤 되겠다. 주행속도만 문제인가? 차가 계속 삐거덕거리고, 조금 달리는가 싶더니 얼마 안 가서 또 다른 장애물이 나타나면 서고 또 서고, 제대로 차가 움직일 수나 있겠는가?

자녀의 감정은 전혀 돌보지 않고 3층 뇌에만 집중해서 공부하라고 아무리 말한다고 해서 공부가 잘될까? 자녀는 시속 20km를 겨우 달리고 있는 형편인데, 100km로 달리라고 부모가 윽박지른다고 해서 차가 제대로 달릴 수 있겠는가? 너무 세게 몰아붙이면 결국 차는 서 버릴지도 모른다. 얼른 달리자고 자꾸 몰아붙이고 억지로 끌어당기고 그러는 것은 아니지 않는가. 부모는 2층 뇌에서 3층 뇌로 가는 길에 8차선 고속도로만 뚫어 놓으면 된다. 자녀의 감정만 잘 돌보면 된다는 말이다. 그러면 8차선 고속도로를 타고 3층 뇌로 쌩쌩 신나게 직행할 수 있을 것이다.

　'기억의 원리'를 살펴보아도 '감정의 뇌'를 잘 보살피는 것이 중요하다는 것을 알 수 있다. 왜 감정의 뇌를 활성화시켜주면 공부가 잘되는 것일까?

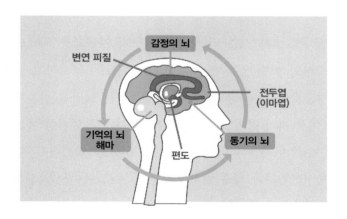

[기억의 원리] – EBS에서 인용함

그림을 보고 설명하겠다. 설명을 들으면서 천천히 따라와 보기 바란다.

감정의 뇌에서 출발하자. 변연 피질은 감정이 들어있는 창고쯤으로 생각하면 된다. 감정을 자연스럽게 물 흐르듯 흐르게 도와주면 다음은 해마에 도착한다. 해마는 기억이 저장되는 곳이다. 감정이 자연스럽게 흐르면 이상하게 기억이 잘된다. 즉 공부가 잘된다. 다시 더 나아가 보자. 동기의 뇌까지 왔다. 동기가 무엇인가?

'그래, 이것도 해 보고 싶고, 저것도 하고 싶어.'

뭔가 하고 싶고, 의욕이 넘치고 그렇게 되는 게 동기 아닌가.

이런 마음 가지고 전두엽에 도착했다. 전두엽은 뇌의 총지휘관쯤으로 생각하면 된다고 했다. 내가 무엇을 잘하고 못하는지? 이것은 포기하고 이것만 집중할지? 무엇을 먼저 하고 무엇을 나중에 할지 계획을 세우고 실천한다. 일을 착착 추진해 나간다. 감정을 조절하면서 임무를 완수한다. 일이 아주 잘된다. 당연히 문제가 잘 해결된다. 이렇게 되도록 하는 그 출발점이 어디인가? 바로 '감정의 뇌'이다.

감정의 뇌가 잘 활성화되면 기억도 잘해, 기억이 잘되니까 무엇이든 시도해 보고 싶어, 그리고 전두엽의 도움으로 뭐든지 잘해낸다. 이것이 기억의 선순환이다. 감정만 잘 보살피면 갈수록 더 잘해지고 시도하고 노력하는 자녀가 된다는 말이다.

기억의 원리에서 악순환의 경우도 한번 생각해 보자. 감정의 뇌가 원활하게 활성화되지 못하면 기억이 잘 안 된다. 아무리 공부를 하려고 해도 잘 안 된다.

'나는 뭐든지 못하는 사람이구나.'

'나는 쓸모없는 사람이구나.'

이런 부정적인 생각이 든다. 결국 전두엽도 제 역할을 잘 해내지 못한다.

'역시 나는 안 되는 사람이야.'

'나는 없어져야 하는 사람인가?'

이런 생각까지 들게 된다는 것이다. 감정의 뇌를 잘 보살피지 못한 결과이다. 이게 무엇을 의미하는가? 자살 아닌가? 실제로 감정이 너무 힘들어 자살을 선택한 안타까운 일이 있었다.

"내 머리가 심장을 갉아먹는데, 이제 더는 버티지 못하겠어요……."

어디서 들어본 말 같지 않은가? 벌써 몇 년이나 지난 일이다. 부산에서 일어난 일이다. 자신의 아파트 20층 옥상에서 한 학생이 뛰어내린 사건이 있었다. 그는 바로 경북 지역 자율형 사립고에서 전교 1등을 하던 고등학교 2학년 남학생이었다. 이 아이가 엄마에게 마지막으로 보낸 메시지 내용이다.

"내 머리가 심장을 갉아먹는데, 이제 더는 버티지 못하겠어요……."

머리가(3층 뇌) 심장(2층 뇌)을 갉아 먹었단다. 조금씩 조금씩 갉아먹었을 것이다. 공부만 하면 되는 줄 알았을 것이다. 이제 더 이상 남아날 심장이 없으니까 심장이 버텨내지를 못하니까 심장을 부여잡고 죽음을 선택했을 것이다. 얼마나 힘들었으면 그런 선택을 했을까? 2층 뇌를 돕는 방법만 조금이라도 알았더라면, 누군가가 조금만이라도 도와주었더라면, 부모가 그 역할을 해 주었더라면 좋았을 것을…….

우리의 아이들은 예외일까? 한국의 교육제도 아래에서, 경쟁, 등수만 있는 교실, 공부해라만 강요하는 가정에서 아이들의 힘듦은 상상 그 이상일 것이다. 당신은 한국의 교육 현실을 하루 아침에 바꿀 수 있는 사람인가? 교육 현실과는 상관없이 당신의 소신대로 자녀를 키울 수 있는 사람인가? 이러한 교육 현실 속에서도 당신의 자녀를 행복하게 키울 수 있는 방법은 없단 말인가? 이보다 더한 상황이 와도 행복한 아이로 키워야 하지 않겠는가. 부모, 당신이 그 열쇠를 쥐고 있다.

 ## 정서를 돌보면 마음을 다 보여 준다

내 딸아이가 나에게 답을 가르쳐 주었다. 이렇게 키우면 된다고 엄마인 나에게 확신을 심어 주었다.

딸아이를 아빠 없이 혼자 키우면서 많이 걱정이 되었다. 잘 키워야 하는 부담감도 있었지만 그보다 더 엄마가 돌보지 못했던

5년의 부재가 많이 걱정이 되었다. 의사소통법을 적용하여 최선을 다해 키웠지만 그래도 100% 안심이 안 되었다. 그래서 '성격검사'와 '행복도 검사'를 해 보기로 했다. 딸아이를 이해하려는 목적도 조금 있었지만 내가 정말 잘 키우고 있는지를 객관적으로 평가받아 보고 싶었다. 혹시 결핍된 부분은 없는지 은근히 걱정이 앞서기도 했다.

"세상을 축제의 한판으로 생각하고 사는 아이입니다. 행복도가 엄청 높게 나옵니다. 최고인데요!"

그랬다. 내 딸아이가 세상을 축제의 한판으로 생각하고 산다고 했다. 행복도 최고인 아이로 자라주었다. 와, 대박이다! 자식이 행복하다는데! 세상을 축제처럼 생각하고 산다는데! 이보다 더 감동스런 일이 어디 있겠는가! 이보다 더 괜찮은 엄마성적표가 어디 있겠는가! 실제로 딸아이는 미국에 가서 공부하기 전에는 불행이라는 말의 뜻을 잘 몰랐다고 한다. 글자로만 알고 있었단다.

내가 특별나게 잘해준 것이 없다. 다른 사람들보다 훨씬 수양이 잘된 사람도 아니다. 그저 평범한 여자이고 엄마일 뿐이다. 한 게 있다면 의사소통법 배워서 치열하게 실천한 것뿐이다. 마음을 돌봐 준 것 밖에는 해 준 것이 없다. 그것만 했는데도 돌아오는 유익은 실로 엄청났다.

당신도 진짜 부모면허증 땄으니까 이제 실천하면 된다. 마음을 돌보는 것만 해도 충분하다. 경청 자주 해 주고 나-전달법을 사용해서 부모 마음 전하면 된다. 가끔씩 실천해도 자녀는 당신의 성의를 알아준다. 자녀가 더 부모를 포기하지 않는다. '가끔씩'이 모이면 '자주'가 된다. '자주'가 모이면 '일상'이 된다. 일상속에서 자연스럽게 감정을 돌보는 것이 생활화된다. 그러면 자녀가 어떻게 키워달라고 술술 말해준다. 자신에 대한 정보를 하나하나 다 알려준다. 이것이 '자녀 사용 설명서'이다. 감정을 돌봐준 대가로 부모에게 주는 선물이다. 더 많이 돌볼수록 더 자세히 알려주는 설명서이다.

"엄마, 우리 선생님 진짜 짱나!"

내 딸이 사춘기 시작되고 제일 많이 사용한 단어다. 사춘기이기도 했지만 엄마랑 다르게 명령하고 강요하고 설득하는 어른들의 행동에 대하여 많이 의아해했고, 갈등했고, 자주 분노를 표출했다.

"우리 딸, 학교에서 무슨 속상한 일이 있었구나."

"몰라!"

"그래, 지금은 아무 말도 하고 싶지 않다는 말이구나."

(조금 기다려 준다.)

"아니, 그게 아니고……."

드디어 술술 불기 시작한다.

"우리 선생님 진짜 이상하다. 우리가 별로 떠들지도 않았는데……."

89
♥

내 딸은 엄마의 한두 마디 말에 벌써 마음의 문을 활짝 연다. 속마음을 다 보여준다. 마음속에 차 있던 힘듦을 모두 털어내고 비워 버린다. 그리고 다시 힘을 얻어 생글거린다. 딸은 이야기를 시작하면 몇 시간이고 쏟아놓는 날도 많았다. 금요일 저녁 같은 부담이 없는 날에는 둘이서 이야기를 하다가 밤을 새운 적도 많았다. 이럴 때 엄마는 딸에게서 얼마나 많은 정보를 얻는지 모른다.

이것이 딸이 주는 선물이 아니고 무엇인가. 딸이 직접 주는 '자녀 사용 설명서'가 아니고 무엇인가. 딸이 자신의 속마음을 다 이야기했으니, 엄마는 그대로 딸아이를 다루면 되니까. 엄마가 한 일은 몇 마디 마음 돌봐준 것밖에는 없는데…….

진짜
엄친아,
엄마와
친한 아이로
키우자

　1장에서는 '엄친아'가 어떤 뜻인지, 왜 한국에만 있는 단어이고 엄마들에게 특별나게 관심을 끄는 이유를 알아보았다. 그리고 왜 엄마들은 자녀가 '엄친아'이기를 고집하는지를 알아보았다. 마지막 부분에서는 지금 한국은 엄친아 덫에 걸렸고 엄친아 바이러스에 걸렸다고 경고했다.

　이 장에서는 어떻게 하면 엄친아 덫에서 벗어날지를 알아보자. 엄친아 바이러스를 퇴치하는 방법이 무엇일지 알아보자.
　정답부터 말하겠다. 엄마와 친한 아이로 키우면 진짜 엄친아가 된다. 엄마와 친해지면 저절로 진짜 엄친아로 자란다는 말이다. 내 아이만 되는 것이 아니다. 세상의 모든 아이는 엄친아가 될 수 있다. 진짜 엄마와 친한 아이로 키운다면 말이다.

엄마와 친한 아이가 되면 저절로 엄친아가 된다는 말은 무슨 말일까? 앞 장에서 엄친아의 뜻을 무엇이라고 정의했는가? 엄마와 친한 아이이다. 엄마 말도 잘 듣고 공부도 잘하는 아이를 엄친아라고 했다. 엄마와 친한 아이는 엄마를 좋아하는 아이다. 엄마를 좋아하는 아이는 엄마 말을 당연히 잘 듣게 된다. 자녀의 지상 최대의 목표는 엄마에게 잘 보이는 것이기 때문이다. 엄마와 친한 아이로 키우면 진짜 엄친아가 될 수 있다는 말이다.

엄마와 친한 아이로 키우는 방법, 그 비법은 무엇일까?

 ## 엄마의 촉이 살아있어야

한마디로 센시티브해져야 한다는 뜻이다. 자녀와 나 사이에 항상 섬세한 센스감지기가 작동하고 있어야 한다는 말이다. 마치 예전에 TV를 잘 나오게 하는 안테나 같은 역할을 두고 하는 말이다. TV 안테나는 TV가 항상 잘 나오도록 센스를 잡아주는 역할을 했다. TV가 혹시라도 잘 나오지 않을 때는 TV 안테나를 조금만 조정하면 된다. 잘 나오지 않던 TV가 금방 선명한 화질로 나오게 된다. TV 안테나 같은 센스감지기가 자녀와 부모 사이에 작동하고 있는지 살펴보라는 말이다.

이런 경험 다들 있지 않은가? 사랑하는 사람이 생겼을 때를 생각해 보자. 그 사람의 작은 변화 하나라도 금방 알아차려지지 않던가. 그 사람의 외모뿐만이 아니다. 작은 감정 변화도 금방 알아차려지고 민감하게 반응해지지 않던가. 그 사람이 무슨 생각하고 있는지조차도 미루어 짐작이 되지 않던가.

자식을 향한 마음은 사랑하는 사람을 향한 마음의 크기보다 훨씬 능가하는 사랑의 감정 아닌가. 사랑하는 사람을 향한 센스 감지기보다 더 강력하고 섬세한 안테나가 작동하고 있어야 한다는 말이다. 아이가 무엇을 원하는지 무슨 불편함이 있는지, 어떤 감정을 느끼고 어떤 생각을 하고 있는지 알아차리는 센스가 잘 작동하고 있는지 점검해 보아야 한다는 말이다. 그래야 세상에서 가장 사랑하는 대상, 내 자식을 도와줄 수 있다는 말이다.

엄친맘으로 살면서 내 안테나는 늘 어디로 향하고 있었는가? 얼마나 많은 엄친아에게 관심을 기울였는가. 그 결과 내 아이를 그 엄친아처럼 만들겠다고 얼마나 많이 명령하고 강요하였는가. 이제 엄친아로 향한 비교, 부러움의 안테나는 철거하고 내 자녀를 향하여 새롭게 안테나를 설치하자. 혹시 내 말 잘못 알아들을까봐 당장 걱정이 된다. 늘 내 자녀를 향하여 염려, 걱정의 안테나가 서 있는 부모 말이다. 그 안테나를 더 열심히 맞추면서 내 자식을 더 닦달하고 명령, 강요할까봐 염려되어서이다. 그런 안테나가 서 있다면 지금 당장 철거할 것을 당부한다. 그 대신 새로운 안테나로 교체하기 바란다. 엄마의 촉이 살아있는 새로운 안테나, 센스감지기 말이다. 그 센스감지기로 무엇을 하면 된다는 말인가?

자녀의 감정을 섬세하게 읽어주자

사랑하는 사람의 마음이 불편하면 어떻게 하는가? 어떻게든 그 사람의 마음을 풀어주려고 노력할 것이다. 이것이 앞에서 배운 마음 읽어주기이다. 수용, 공감, 경청을 두고 하는 말이다. 그런데 이런 의사소통법이 쉽던가? 생각보다는 어렵다는 사실을 이미 경험하여 알고 있다.

그래서 매일 조금씩이라도 노력하고 실천하면 콩나물 자라듯이 내 아이가 자라있을 것이라고 말하지 않았던가. 콩나물시루에서 금방 빠져나가고 안 보이는 물에 집중할 것인가? 어느새 성큼 자라있는 콩나물에 집중할 것인가?

자녀의 감정을 읽어주면 어떤 일이 일어났는가? 아이가 스스로 문제 해결을 하고 공부도 잘하는 아이가 된다는 것은 이미 공부하여 알고 있다. 뇌의 3층 구조를 다시 떠올려 보기 바란다. 생각이 잘 안 나면 앞으로 가서 뇌의 3층 구조나, 기억의 원리에 대한 뇌 그림을 보기 바란다. 자녀의 감정을 섬세하게 읽어주면 (2층 뇌를 잘 돌봐주기만 해도) 자녀는 스스로 그런 아이가 된다고 했다. 자녀의 감정을 읽어주는 것, 이것이 내 자녀를 공부 잘하는 아이로 만드는 비결이라는 것을 이미 배워서 알고 있다.

감정을 잘 읽어주면 공부도 잘하지만 덤으로 얻는 더 큰 이익이 있지 않았던가. 자녀가 나랑 사이좋은 관계가 된다. 자녀가 말을 잘 듣는 아이가 된다는 말이다. 우리의 일상생활 속에서 이런 경험은 많이 있을 것이다. 나에게 뭔가 특별한 것은 해 주지 않았지만 상대방이 내 감정을 알아주고 공감해 주는 사람에게는 금방 가깝게 느껴지고, 친해지고, 조금만 힘든 일 있으면 그 사람에게 가서 말하고 싶고 그런 감정 말이다.

당신은 자녀와 사이가 좋은가? 당신이 자녀의 감정을 잘 돌봐주었기 때문이다. 자녀와 사이가 좋지 않은가? 자녀의 감정을 잘 읽어주는 부모였는지를 반성해 보길 바란다. 혹시 감정을 잘 읽어주지 않았다면 지금 당장 노력하면 된다.

혹시 이 비결을 까먹고 내 자녀 공부 잘하도록 만들기 위하여 학원만 뺑뺑이 돌리는 부모님들이 있을까 봐 점검하는 차원이다. 정말로 못 알아듣는다면 경고라도 할 작정이다. 감정 읽어주기, 2층 뇌를 잘 돌보기, 잘 실천하고 있으리라 믿는다.

 **엄마는 이미 감정 읽어주기의 달인이다**

대부분의 가정에서 자녀의 감정을 읽어주는 역할을 담당하는 사람은 엄마이다. 엄마가 자녀의 감정을 읽어주는 역할을 잘 수행하면 그 가정은 화목해질 확률이 높다. 왜냐하면 엄마는 아이

의 감정을 읽어주는 공감능력을 선천적으로 타고났기 때문이다.

〈EBS다큐프라임-아이의 사생활 1부, 남과 여〉에서는 남녀 공감능력의 차이를 실험하고 있다. 엄마랑 놀다가 엄마가 다쳤다고 울면 딸아이는 금방 울음을 터트리면서 반응을 한다. 남자아이에게 똑같은 실험을 해 보면 남자아이는 엄마가 피가 났다고 해도 반응을 보이지 않는다. 아예 웃기까지 한다. 한날한시에 태어난 쌍둥이로 실험을 해 봐도 마찬가지 반응을 보인다. 남자아이는 반응을 보이지 않지만 여자아이는 바로 반응을 한다. 남자와 여자는 이렇게 태어날 때부터 공감능력에서 차이가 난다.

'신이 세상 곳곳에 당신이 갈 수 없어서 엄마를 대신 보냈다'고 한다. 엄마의 이 '공감능력'을 두고 하는 말은 아닐까? 이미 엄마에게 이런 공감능력을 주었으니까 잘 사용해 보라는 뜻으로 해석하면 어떨까? 엄마에게 더 육아에 대한 책임을 지우자고 하는 말이 아니다. 능력을 더 가지고 태어났다는 말은 똑같은 노력을 할 때 훨씬 효과적이라는 말을 하고 싶은 것이다. 실험을 해 보면 여자가 남자보다 이런 공감능력을 6배나 더 가지고 태어났다고 한다. 10배 정도 더 노력해야 겨우 여자랑 같은 공감능력을 가질 수 있다고 한다. 10배까지 노력할 남자가 어디 있겠느냐 말이다. 생활 속에서도 남편이 아내의 감정을 잘 읽어주지 못해 속상하다고 말하는 사람이 얼마나 많던가. 남편이 여자 마음 아프게 하려고 일부러 그러는 것이 아니다. 아무리 노력해도 아내의 감정이 보이지 않는 것이다. 보이지 않으니까 못 읽어주는 것은 당연한 일 아닌가. 공감능력을 더 가지고 태어난 엄마(여자)가 먼저 노력하면 좋겠다는 말을 하고 싶은 것이다.

이렇게 말하면 엄마들은 또 이런 반론을 제시할 것이다.

"그런데 왜 아이들의 감정을 읽어주기가 이렇게 어려울까요?"

"우리도 아이에게 공감을 잘해 주고 싶은데 잘 보이지 않는다고요?"

"어떡하라고요."

이 말도 맞다. 그런데 한 번 곰곰이 생각해 보자. 처음부터 우리가 이런 엄마였던 것은 아니다. 내 자식 어릴 때, 우리 엄마들은 어땠는가? 아이가 울면 금방 알아차리지 않았던가.

"아이구 내 새끼, 배고팠어?"

금방 젖을 물리지 않았던가.

"아이구 우리 애기, 똥 싸서 불편한 거구나!"

아무도 가르쳐 주지 않았는데, 엄마라는 이름으로 귀신같이 알아차렸고, 아이에게 즉시 공감해 주지 않았던가.

그러면 이 공감능력이 도대체 어디로 사라졌단 말인가? 사라지지 않았다. 잠시 안개에 가려져서 보이지 않을 뿐이다. 내 아이가 서서히 공부라는 걸 시작하고부터는 아이의 성적 때문에 공감의 눈이 서서히 어두워져 버렸다. 아이가 속상한 말을 하기라도 하면 "쓸데없는 소리 그만하고 들어가서 공부나 해." 아이의 감정은 보이지 않고 이런 반응이 먼저 나와 버렸다. 그놈의 공부란 것 때문에 우리의 공감능력이 퇴화되어 버렸다.

엄마가 가지고 있었던 이 공감능력을 다시 발휘하면서 살아가면 된다. 앞에서 배운 의사소통 기법을 배워서 적용하면 된다는 말이다. 처음에는 힘들 거라고 하지 않았는가. 조금 시도해 보다가 금방 포기하지는 말자. '내 안에 이미 너(공감능력) 있다.'는 걸 알아차리고 한 발짝씩 다시 걸음마 배우듯이 배워나가자. 엄마의 공감능력, 충분히 발휘하며 살아갈 수 있다. 그리고 내 자식 살리자는 일에는 엄마는 또 목숨 걸고 실천해 볼 의향이 있는 사람들이다. 엄마들이여 다시 분발해주기 바란다. 당신들은 이미 신이 선택한 능력자들이다.

엄친아 만들기 2종 세트, 공감 + '엄지감동'

엄친아를 만들 수 있는 확실한 방법, 엄친아 만들기 2종 세트를 알려주고 싶다. 앞에서 말한 공감, 그리고 '엄지감동'이다.

'엄지감동'(한국심리상담연구소의 김인자 소장님이 제일 먼저 사용함)이란 상대방의 하는 행동이 마음에 쏙 들면 엄지손가락을 치켜 올리는 동작을 말한다. 그동안 엄친아 때문에 당신 자녀가 얼마나 당신에게 비난당했는가. 이제는 비난의 손가락질 대신 '엄지감동'을 보내자. 깍쟁이처럼 굴지 말고 이왕이면 자주 보내자. 돈 드는 일도 아닌데 인심 팍팍 쓰자.

엄지손가락만 치켜세우면 된다. 이렇게!

누군가 나에게 칭찬해 주면 기분이 얼마나 좋던가. 더 잘하고 싶지 않던가. 그 사람이 사랑하는 대상이라면 더 그렇지 않던가. 자녀는 부모가 세상의 전부라고 생각한다. 자녀의 지상 최대의 목표는 부모에게 잘 보이는 것이라고 여러 번 말했다. 이 심리를 알고 이용해 보아라. 조금만 칭찬해 주어도 부모에게 더 잘 보이려고 얼마나 애쓰는지 모른다. 칭찬은 고래도 춤추게 한다는데, 당신의 자녀도 당신의 칭찬으로 춤추게 하면 되지 않는가. '엄지감동'이 내 아이를 춤추는 고래로 만들어 줄 것이다.

춤추도록 일단 흥만 돋우어 주면 고래는 어떤 묘기를 선보일지 모른다. 당신의 자녀도 흥이 나면 어떤 묘기를 당신에게 선보일지 아무도 모른다. 그 흥을 끌어내고 유지해 줄 수 있는 것이 '엄지감동'이다.

엄마의 촉으로 찬스를 잘 포착하고 "역시 우리 딸, 최고!", "우리 딸 너무 멋지다!" 등으로 추임새를 넣어준다면 더 멋진 연기는 계속해서 나오게 될 것이다.

내 친구 아들 중에 엄친아가 한 명 있다. 처음부터 엄친아는 아니었다. 늦둥이로 낳아 키우고 있으니까 정말 귀한 자식이다. 마음까지 여리고 섬세해서 자꾸 엄마에게 의지하려는 경향이 있었다. 새로운 것에 도전하려면 늘 힘들어하고 주춤거렸던 그 아들이 이번에 고등학교에 갔다.

요즘엔 고1도 고3처럼 빡세게(?) 공부시키는 학교가 많단다. 내 친구 아들이 들어간 학교도 특별한 커리큘럼을 가지고 고1부터 정말 빡세게 돌리는 학교란다. 낯선 환경, 부담되는 공부에 힘들어하는 아들에게 친구는 엄친아 만들기 2종 세트를 그대로 활용하기 시작했다.

1단계-공감해주기

: 우리 아들, 처음부터 이렇게 빡세게 시키니까 너무 힘들제?

: 매일 이렇게 해야 하나 싶어서 너무 답답하제?

2단계-'엄지감동' 보내기

: 아들, 넌 정말 열심히 최선을 다하고 있는 거야!

: 넌 정말 한 달 만에 이렇게 잘 적응해 내는구나!

: 역시 우리 아들, 정말 대견해!

아들은 엄마에게 잘 보이기 위해 정말 한 발짝 내딛었다. 한 달도 안 되어 친구의 목소리에 힘이 실렸다.

"있제, 우리 아들 너무 잘하는 것 있제. 너무 잘 해내고 있다. 아들 덕분에 살맛 난다."

내 친구 아들이 불과 한 달 만에 엄친아 대열에 들어간 것이다. 공부도 정말 잘하고 하는 것마다 최선을 다한다. 무엇보다 엄마와도 소통이 잘 되는 멋진 엄친아가 되었다. 내 친구가 엄친아 만들기 2종 세트를 적용하면서 아들을 키우고 있기 때문이다. 보나마나 내 친구 아들은 갈수록 더 엄친아가 될 것이다. 순도 100% 엄친아로 성장할 것이다.

당신의 자녀를 엄친아로 만들고 싶다면 엄친아 2종 세트를 활용해 보기 바란다. 수시로 자녀에게 공감해 주고 '엄지감동'도 보내 주자. 엄친아 2종 세트만 잘 활용한다면 당신 자녀는 분명히 엄친아가 될 수 있을 것이다. 엄마와 친한 아이가 되어야 진짜 엄친아가 될 수 있다.

영원한
짝사랑,
설레는 건
정상이다

"이 세상에 자식과 부모 아닌 사람은 없다. 사랑이라는 감정의 근원은 자식을 사랑하는 부모의 마음일 것이다."

이 글은 부모의 짝사랑을 대변하듯이 써 놓은 『성열아』에서 발견한 문구다. 그렇다. 사랑이라는 감정의 근원은 자식을 사랑하는 부모의 마음일 것이다. 부모가 되어본 사람만이 이 말이 전하는 울림을 알 것이다. 딸아이를 통하여 사랑이라는 단어의 진짜 의미를 깨달았다. 28년 부모로 살면서 내가 느낀 자식 사랑에 대한 정의를 나름대로 내려 본다.

세상의 그 어떤 사랑의 의미와는 비교할 수 없는 아무런 대가를 바라지 않는 순수한 사랑이다.

생각하지 않으려고 아무리 노력해도 자꾸 마음이 아이에게로 달려가는 주체할 수 없는 사랑이다.

가슴에 귀한 보석 하나 숨겨 놓고 보고 또 보고, 애지중지 아끼는 조바심 나는 사랑이다.

주고 또 주어도 자꾸 부족하다는 생각이 드는 절제되지 않는 사랑이다.

자녀의 고통 앞에서는 자신보다 몇 십 배는 더 아픈 애끓는 사랑이다.

자식 사랑에 대한 나의 정의에 어떤 의미를 더 포함시키고 싶은가? 당신의 자식 사랑은 어떤 사랑인가?

 영원한 짝사랑이다

짝사랑은 내가 일방적으로 사랑하는 것이다. 상대방은 내가 자기를 사랑하는지 어떤지도 모른다. 왜 사랑해 주지 않느냐고 따지지도 않는다. 사랑해 달라고 투정부리지도 않는다. 그냥 사랑하는 대상이 되어주는 것만으로도 감사한다. 부모에게 자식은 이런 존재다.

그냥 태어나 준 것만으로도 감사한다. 그냥 내 곁에 있어주는 것만으로도 행복하다. 무엇을 대신하겠는가! 어떤 것에 견주겠는가! 자식은 나의 존재의 가치다. 자식이 없어지면 죽음이다. 이렇게 무식하게 사랑한다.

딸이 중학교 때인가? 독서실에 공부를 하러 간 딸과 3시간 정도 연락이 안 된 적이 있었다. 친구들 말은 독서실에서 함께 있다가 헤어졌다고 하는데 집에는 오지 않았다. 핸드폰도 꺼져 있어 얼마나 애를 태웠는지 모른다. 3시간이 몇 십 년처럼 느껴졌었다. 앞이 깜깜했다.

경찰서에 신고를 했고 경찰이 왔다. 그 사이를 참지 못하고 신발을 벗은 채 거리를 뛰쳐나갔던 것 같다. 출동한 경찰이 하는 말 "그냥 있으면 연락드릴 테니까 집에서 기다리세요. 별일 없을 거예요." 하지만 이렇게 늦은 시각, 연락이 안 되는데 무슨 별일이라도 일어날 것 같은 불길한 예감에 견딜 수가 없었다. 온갖 나쁜 생각이 스쳐 지나갔다.

밖으로 나갔다가 집으로 다시 들어왔다가 안절부절. 그러면서 문득 드는 생각이 있었다.

'만약 딸에게 무슨 일이라도 생기면 나는 어떻게 할 것인가?'

두 번 생각도 않고 바로 결정이 났다.

'따라 죽어야겠다.'

정말 이런 결정을 몇 초 고민도 않고 해 버리는 나 자신에게 놀랐다.

다행히 딸은 핸드폰 배터리가 나가서 소식이 안 된 것이었다. 공부를 너무 안 한 것 같아서 친구들을 보내고 다시 도서관으로 갔단다. 가서 공부를 하다가 지금 왔다고 한다. 배터리 나간 줄도 몰랐고, 시간이 이렇게 흘렀는지도 몰랐단다. 딸도 집에 와서 엄마가 없어서 당황했단다. 난 아무 말도 못하고 그냥 딸을 부둥켜안고 엉엉 울었다.

모원단장(母猿斷腸)은 '창자가 끊어진 것 같은 슬픔'을 뜻하는 말이다. 이 말에 대한 유래는 들을 때마다 눈물이 왈칵 쏟아질 듯한 아픔을 준다. 중국 진나라의 환온 장군이 촉나라를 정벌하기 위해 가던 중이었다. 환온을 따르는 하인이 근처 숲에 들어갔다가 원숭이 새끼 한 마리를 붙잡아서 배로 돌아왔다. 심심하던 차에 하인들은 그 원숭이 새끼를 두고 항해하면서 계속 장난도 했다. 새끼를 빼앗긴 어미 원숭이는 강기슭을 따라 배를 계속 쫓아오면서 새끼 원숭이를 보고 울부짖었다. 몇 날 며칠을 그렇게 아기 원숭이가 탄 배를 따라오며 안타깝게 울었다.

이윽고 백 리도 더 가서 배가 강기슭에 닿자 어미 원숭이가 바로 배로 뛰어들었다. 그러나 끝내 그대로 죽고 만다. 사람들이 궁금하여 그 원숭이의 배를 갈라 보았다. 새끼를 잃은 어미 원숭이는 너무나도 슬퍼했던 나머지 애(창자)가 토막토막 끊어져 있었다. 자식을 되찾으려는 어미의 애끓는 고통이 창자마저 끊어버렸다.

원숭이의 그 마음이 충분히 이해가 되지 않는가! 부모(엄마)가 안 되어 본 사람은 아마 이 절절한 의미를 모를 것이다. 애간장을 녹이는 게, 창자가 끊어지는 게 어떤 의미인지 말이다. 애가 녹아서 없어질 만큼 아픈 고통 말이다.

작년에 세월호 사건을 보면서도 어느 부모인들 그 아픔에 공감이 되지 않았을까! 애간장이 녹아내리는 아픔을 공유했을 것이다. 눈에 넣어도 아프지 않을 내 새끼인데 그 아이들 먼저 보내고, 가슴에 묻고 어떻게 살 수 있을까! 어떻게, 어떻게! 애가 녹아내리고 끊어지는 아픔을 견뎌내야 할 텐데……. 1년이 더 지난 지금도 부모들의 그 고통이 고스란히 그대로 전해 온다. 그래서 부모인 우리도 함께 이렇게 아픈 것이다.

자식을 내 목숨보다 더 사랑하는 것이 부모의 사랑이다. 감정이 주체가 안 되는 것이 부모의 사랑이다. 영원히 짝사랑하는 것이 부모의 사랑이다. 아무리 짝사랑해도 손해 본 것 같은 느낌이 안 드는 사랑이다. 그냥 내 자식이 존재하는 것만으로도 행복한 사랑이다.

설레는 건 정상이다

　사랑하는데 설레는 게 정상 아닌가! 그것도 펄펄 끓는 용광로 같은 사랑인데 얼마나 설레겠는가! 사랑하지 말라고 하면 병이 난다. 시들시들 앓다가 죽을 수도 있다. 그냥 인정하자. 자식에게 향하는 사랑 그대로 인정하자. 억지로 참으려고도 하지 말자. 그냥 내가 너무 사랑한다고 말하자. 그리고 표현하며 살자. 내가 내 자식 사랑하는데 누가 뭐라고 하겠는가. 실컷 사랑하고 실컷 표현하자.

　어릴 때 딸에게 보낸 쪽지와 편지를 모아 두었다. 정리해 보니까 작은 포대 하나 정도는 되는 것 같았다. 정리하면서 읽어보니까 그 표현이 얼마나 뜨겁던지! 읽어보면서 화상 입을 것 같았다. 시도 때도 없이 표현했다. 수시로 사랑한다고 표현하고 고백했다. '쭉쭉이사랑법'이라고, 딸아이 어릴 때부터 실천한 것이다. 어쩌면 그 시간도 내가 자녀를 온전히 사랑하는 것을 행동으로 실천하는 시간이었으리라. 하루도 거르지 않고 딸에게 엄마의 사랑하는 마음을 행동으로, 말로 표현하는 시간이었으리라.

　미국에 가서 공부할 때도 마찬가지였다. 나의 딸 사랑은 지치지도 않았다. 일주일에 두 번 정도는 메일을 보냈던 것 같다. 지금까지 보낸 편지가 수백 통에 이른다. 하지만 딸에게 답장을

107

받은 적은 몇번 밖에 없다. 그래도 전혀 서운하지 않았다. 답장을 바라고 보낸 적은 한 번도 없다. 딸아이가 읽고 힘을 내었으면 하는 바람으로 보낸 거니까. 대신 딸에게 편지를 자주 보내지 않을 때는 자꾸 마음이 쓰였다.

그냥 주는 사랑이다. 주고도 손해 본 느낌이 전혀 안 드는 사랑이다. 줄 때 행복한 사랑이다. 더 주지 못한 것이 마음에 걸린다. 주고도 또 주고도 늘 안타까운 사랑이다.

참 아름다운 사랑이다. 참 숭고한 사랑이다. 무엇을 바라고 하는 사랑은 누구나 할 수 있다. 아무것도 바라지 않고 사랑하는 건 지친다. 그래서 하다가 멈춘다. 하지만 부모의 자식 사랑은 아무것도 바라지 않는다. 전혀 지치지도 않는다. 기꺼이 주고도 기꺼이 행복하다. 그리고 평생 사랑하는 것을 멈추지 않는다. 기꺼이 주는 사랑, 그런데 아무것도 바라지 않는 사랑! 이런 사랑의 실천으로 부모가 이만큼 성장했다.

이런 사랑 당신도 하고 있지 않은가. 이런 숭고한 사랑을 하는 사람이 우리(부모)들 아닌가. 무엇이 손해고 무엇이 억울할까. 그냥 주고 말면 되는 것을……. 누구의 사랑이 덜하고 누구의 사랑이 더할까. 부모라는 이름만으로도 이미 숭고한 사랑의 주인인 것을…….

부모는 깨달은 자의 다른 이름인 것 같다. 자녀를 키운 세월만큼 깨달은 사람이 되는 것 같다. 나는 다시 태어나도 부모로 살고 싶다. 아니, 내 딸아이의 엄마로 살아가고 싶다. 그리고 다시 영원한 짝사랑을 하고 싶다. 받는 것 없이 줄 때 진짜 행복하다는 것을 부모로 살면서 알게 되었다. 그런 행복을 다시 누리며 살고 싶다. 더 많이 깨닫고 더 많이 숭고해지고 싶다.

내리사랑으로
키워도
치사랑으로
돌아온다

    명절 때만 되면 머뭇머뭇하곤 했다. 시골 부모님 곁에 가도 마음이 불편하고, 혼자 집에 덩그러니 있어도 휑하니 찬바람이 불었다. 이럴 때 딸은 항상 나를 부추겼다. 빨리 시골에 가자고 하는 말 대신에 이렇게 말한다.

    "엄마, 할아버지 할머니는 내가 보고 싶겠어요? 엄마가 보고 싶겠어요?"

    정말 그랬다. 내가 엄마였다면 혼자 있을 딸자식이 얼마나 신경이 쓰일까? 그래서 빨리 딸이 왔으면 하고 바랄 것이다. 내 딸은 어린데도 이렇게 속 깊은 데가 있었다. 자기가 부모 되어 본 것도 아니면서.

    이번 아버지 수술을 앞두고 병원에서 병간호를 할 때도 딸이 이런 말을 했다.

"엄마, 세상에 모든 아빠는 딸 바보래. 할아버지도 엄마랑 있으면 좋아하실 거야. 병간호 잘해드려요."

어쩌면 이렇게 가슴에 콕콕 박히는 맞는 말을 하는지. 내 딸은 나보다 더 삶을 먼저 산 사람 같이 느껴질 때가 많다. 자식 덕분에 내가 훌쩍 철이 들 때가 많다.

흔히 내리사랑은 있어도 치사랑은 없다고 하지 않던가? 그런데 진짜 부모가 되어 아이를 키웠더니 치사랑으로 보답한다. 지금 딸 자랑을 하고 있는 거다. 자랑질(?) 한번 해야겠다. 샘나서 얼른 진짜 부모가 되려고 노력할 것이기 때문이다. 이어지는 자랑을 들으면 더 빨리 진짜 부모 되고 싶은 마음이 들 것이기 때문이다.

주객전도(主客顚倒) - 자녀가 나의 상담자

"딸아, 시간 있어?"

"왜, 엄마?"

"엄마가 네게 상의할 게 좀 있어서……."

어디서 많이 들어본 말 같다. 딸아이 중학교 때 엄마인 내게 자주 했던 말이다.

"엄마, 시간 있어?"

"왜?"

"아니, 친구들이 엄마랑 이야기하고 싶대."

딸이 엄마를 무한 신뢰해서 친구에게까지 연결해 줄 때 썼던 말이다. 딸이 사용했던 이 말을 이제 엄마인 내가 딸에게 사용하고 있다. 딸아이에게 상담을 신청하는 것이다. 그것도 자주 신청한다. 딸은 엄마의 마음을 척척 알아맞히고 해결 방법까지 제시하는 엄마의 맞춤상담자가 되었다. 엄마에게 우리 딸은 최고의 상담사이다. 평생 돈 하나도 안 들이고 애프터 서비스 해 줄 무료 상담사이다. 얼마나 행운인가. 내가 딸에게 20년간 그렇게 상담하면서 키웠더니 딸에게는 이제 40년 정도 상담 받을 수 있으니 내가 훨씬 이익이다. 분명히 인생 잘 산 것 맞다. 딸아이를 사랑으로 키운 덕을 톡톡히 보는 것 같다.

당신은 자녀에게 어떤 부모인가? 진짜 부모인가 가짜 부모로 살고 있는가? 진짜 부모에겐 내리사랑도 치사랑도 있다. 염려 말고 얼른 진짜 부모가 되어 내리사랑 실컷 하면서 살면 좋겠다. 곧 치사랑으로 더 크게 돌아온다. 뿌린 것보다 더 많은 것을 거둘 수 있다. 자식에게 내 고민을 풀어 놓을 수 있는 부모가 얼마나 될까? 그것도 무한 신뢰할 수 있는 자식에게. 아, 맞다! 내가 딸에게 주는 상담료는 이런 말뿐이다.

"딸아, 어쩜 그렇게 엄마 마음을 잘 알아 주냐!"

"어쩜 그렇게 명쾌한 해결책을 제시하는지!"

"너랑 이야기하고 나면 뇌가 다 상쾌해진다."

내 딸은 엄마의 상담료에 무척 흡족해한다. 이런 훌륭한 상담자가 딸이니까 내 딸도 자기 자식 낳으면 얼마나 잘 키울 것인지 이미 상상이 되지 않는가! 엄마가 내 딸에게 했던 것보다 훨씬 잘 키울 것이 확실하다. 나는 그 광경을 보면서 얼마나 뿌듯하고 행복해할까! 3대를 구한 거니까. 이 얼마나 대박인가!

 **후죽월장(後竹越墙) - 자녀가 나의 스승**

'뒤에 난 대가 담장을 넘는다'는 뜻이다. 즉 '뒤에 난 자가 더 똑똑하다'는 의미이다. 내 딸은 엄마보다 더 깨달은 말을 할 때가 많다. 이런 의미에서 나는 내 딸을 나의 스승이라고 생각한다. '자식은 부모를 사람 만들기 위해서 신이 보낸 존재'라고 한다. 자식을 키우지 않았다면 이런 깨달음을 어떻게 내 것으로 만들 수 있었을까! 자주 딸이 나의 스승이라고 느낄 때가 있다.

딸이 유학을 갔을 때 아무것도 준비되지 않은 상태였다. 특히 언어에 대하여 아무런 준비를 하지 않았다. 한 학기 어학원 다니고 바로 고등학교에 들어가서 수업을 받아야만 했다. 많이 힘들었을 것이다.

"딸아, 많이 힘들지?"

엄마의 물음에 내 딸은 항상 이 말로 답했다.

"엄마, 생각보다 안 힘들어."

그렇다. 딸은 참 많이 힘들었을 것이다. 하지만 생각보다 안 힘들었다고 자신을 세뇌했는지도 모른다. 아니면 진짜 딸이 긍정적이어서 그렇게 받아들였는지도 모르겠다.

어떻든 이 말은 엄마인 나에게도 울림으로 전해져 왔다. 딸이 '맨땅에 헤딩'하는 상황에서도 "엄마, 생각보다 안 힘들어."라고 했는데, 내가 어떤 일을 하거나 예기치 않은 힘든 일을 겪을 때마다 딸의 이 말이 많은 위안을 주었다. 그 후부터 나도 "생각보다 안 힘들어."라고 말하는 습관이 생겼다. 나도 모르는 사이에 딸에게 세뇌당해 있었다.

딸이 나를 깨우친 일화를 하나 더 소개한다. 딸이 어릴 때 시골 부모님께서 키웠다. 시골에 집을 지을 때 이웃집에 잠시 거주할 일이 있었다. 추운 겨울 밤, 나의 아버지는 손녀에게 차가운 우유 안 먹이려고 주무시다가 일어나셔서 옛날 우리 집까지 오셔서(제법 떨어져 있었다) 뜨거운 물에 우유를 타서 내 딸에게 우유를 먹이셨다. 돌아오면서 우유가 식을까 봐 당신 품에 꼭 품으셨다가 내 딸에게 먹이곤 하셨다. 그런 아버지의 정성을 나는 다 갚지 못하고 있다. 내 딸은 나보다 더 자주 할아버지, 할머니께 전화를 드린다. 시차가 잘 맞지 않은 미국에서도. 특히 할아버지라고 하면 얼마나 애달파 하는지 모른다.

이번에도 할아버지 편찮으셔서 큰 수술 앞두고 있다는 말에 눈물 펑펑 흘리며 말을 잇지 못했다. 지극정성으로 기도(딸은 크리스찬이다)하면서 자주 할아버지의 상황을 물어보았다. 딸은 할아버지와 할머니가 얼마나 정성을 다해 키웠는지 잊지 않고 있다. 마음으로 정성을 다해 효도를 실천하고 있다. 딸이 나를 유심히 보고 있는 것 같아서 나의 부모님에 대한 효도의 실천을 자주 점검해 보곤 한다.

　딸은 참 반듯하게 잘 자라고 있는 것 같다. 특히 사람을 진심으로 위하고 사랑하는 사람인 것 같다. 믿어주는 사람에 대하여 온 마음을 다하여 섬기고 최선을 다하여 구성원에게 보탬이 되고자 노력하는 사람인 것 같다. 언젠가 내 딸도 가족을 이룰 것이다. 딸의 좋은 점을 그대로 이어받을 가족이 탄생할 것이다. '내리사랑'이라고 하지 않았는가! 내리사랑도 윤기 나게 잘해낼 것이다. 딸은 이미 치사랑도 아주 잘 실천하고 있다. 딸도 나처럼 언젠가 또 치사랑의 수혜자가 될 것이다. 내가 딸에게 자주 하는 말이다.
　"엄마가 봐도 반할 만큼 넌 참 괜찮은 사람이라고 생각해."

 ## 죽이 척척 평생 절친

가장 마음에 맞는 친구를 한 명 말하라고 하면 난 머뭇거리지도 않고 내 딸이라고 말할 수 있다. 그 믿음에는 앞으로도 변함이 없을 것이다. 딸이 자랄 때도 엄마에게 항상 수다쟁이처럼 온갖 이야기를 하곤 했다. 딸이 철이 들고 나서는 딸이랑 정말 죽이 척척 맞는다는 느낌이 들었다.

"엄마, 전생에 우리는 부부였나 봐!"

언젠가 딸이 이런 말을 할 정도였으니까. 얼마나 우리가 잘 맞는 친구처럼 지내는지 상상이 될 것이다.

미국에 처음 갔을 때, 내 딸은 엄마랑 미국에서 살았으면 좋겠다는 말을 자주 했다. 한마디로 나를 많이 꼬드겼다. 나도 딸이랑 생활할 때가 무척 행복해서 딸이랑 가까이에서 살고 싶은 희망 사항은 있다. 그래도 딸에게 짐 되는 것은 싫다. 미국에 갈 때도 오래 있으면 엄마가 귀찮아질까 봐 2주일 정도의 일정으로 아쉽게 이별을 하고 돌아선다. 딸을 많이 사랑할수록 나는 딸에게도 사랑해서 더 보고 싶은 사람이고 싶다.

딸이랑 떨어져서 생활한 지가 벌써 11년째다. 사춘기를 다 지나고 갔다. 고1 끝나고 미국에 갔으니까. 하지만 자아정체성이 한창 형성될 때(대학교 때)는 엄마와 떨어져서 미국에서 지냈다.

가끔 미국에 가서 딸아이를 만나면 예전의 그 시간들이 되감기 해서 그대로 재현되는 느낌을 받는다. 허벅지와 다리를 주물러 주어도 가만히 자기 몸을 내어준다.

이번 여름에 또 딸아이와 생활하며 지내다가 왔다. 딸이랑 있으면 이런 느낌이 든다. 한 몸인 것 같은 착각! 몸의 에너지가 차분하고 잔잔해지고 행복한 느낌이 그대로 전해오는 느낌! 이야기를 하면 죽이 척척 맞는다. 하루 종일 이야기하고 있어도 또 할 이야기가 있다. 쇼핑을 가서 정말 깜짝 놀랐다. 집안에 인테리어 할 물품들을 사러 갔는데, 색상, 디자인을 보고 고르는데, 어쩌면 취향이 이렇게 비슷하게 닮아 있을 수 있는지! 세상에 이렇게 취향까지 비슷하게 닮아 있는 사람은 또 없을 것이다. 참 신기한 일이었다.

우리는 딸과 엄마로 만났지만 아직도 애틋하게 사랑하는 사이이다. 사랑하는 만큼 그리워하는 사이이다. 그렇다고 딸의 삶에 끼어들 생각은 앞으로도 없다. 평생 가장 마음에 드는 친구 정도로 지내고 싶다. 애틋하게 마음이 가는 친구 말이다. 그 친구가 행복하면 나도 한없이 행복해지는 그런 친구 정도로 말이다. 그래서 '행복한 모습을 보여주는 것'이 서로에 대한 책임이고 과제다. 서로 사랑하는 절친에 대한 배려다.

진짜 부모로 살면 자녀가 나의 상담자도 될 수 있고, 때로는 스승도 될 수 있다. 그리고 앞으로는 평생 절친으로 살아갈 수 있다. 한국으로 돌아오는 날 딸이 메시지에 이런 글을 남겼다.

"엄마, 다음에 볼 때까지 우리 열심히 살다가 또 만나서 서로의 삶에 대하여 이야기 나누자."

딸과 난 이제 성장의 배틀을 시작했는지도 모른다. 서로의 성장을 지켜보고 응원해 주고 내 일처럼 기뻐해 주고, 그러면서 함께 성장해 가고……

진짜 부모가 되어 내리사랑 하면서 자녀에게 기꺼이 베풀며 살기 바란다. 곧 치사랑의 혜택이 당신에게 넘치도록 돌아올 것이다.

119

♥

진짜부모
아드레하기

자녀,
신이 보낸
선물!

그대들의 아이는

그대들의 아이가 아닙니다.

아이들은 스스로를 갈망하는

저 위대한 생명의 아들딸입니다.

아이들은 그대들을 통해서 왔지만,

그대들로부터 온 것이 아닙니다.

아이들은 그대들과 함께 있지만,

그대들의 소유가 아닙니다.

그대들은 아이들에게 사랑을 줄 수는 있지만,

그대들의 생각까지 줄 수는 없습니다.

그들에겐 그들의 생각이 있기 때문입니다.

칼릴 지브란의 『예언자』 중 「아이들에 대하여」에 있는 내용이다.

'나는 왜 부모가 되었을까?'

'자식이란 존재가 나에게 어떤 의미일까?'

'하필 그 많고 많은 부모 중에 내 자녀는 나를 통하여 태어났고, 나와 인연이 되어 평생 살아가고 있는 것일까?'

이런 생각을 한 번쯤은 해 보았을 것이다. 부모와 자식의 인연을 어떻게 해석해야 할까?

 ## 자녀는 신이 보낸 선물이다

선물은 받으면 기분이 좋다. 자녀가 태어난 때를 생각해 보자. 얼마나 감동했었나를! 말로 표현하지 못할 감정이었을 것이다. 환호성을 지르고, 감동을 넘어서서 세상을 다 얻은 것 같은 감정을 경험했을 것이다. 자녀는 나에게 그 어떤 선물과도 비교할 수 없는 값진 선물이다. 신이 나에게 보낸 아주 특별한 선물이다.

나에게도 내 딸은 아주 특별한 신의 선물이다. 남편 돌아가시고 5년간이나 헤매던 그 순간에도 내 딸이 나를 끝까지 기다려 주었다는 생각이 든다. 내 딸이 없었더라면 난 희망의 끈을 놓아버렸을지도 모른다. 아마 난 지금 이렇게 멀쩡한 정신으로 살아있지도 못했을 것이다. 가장 힘든 순간 내 딸이 나를 구해준 생명의 은인이다. 그렇게 우울하던 내 성격도 딸아이 덕분에 밝은 사람으로 다시 태어날 수 있었다. 딸의 존재가 얼마나 귀하고 소중한지 말로는 다 표현할 수가 없다. 딸은 신이 나를 위하여 보내준 신의 선물이다.

여러분도 신의 귀한 선물을 받지 않았는가! 내 아이가 태어났을 때를 한번 생각해 보자. 얼마나 경이롭고 얼마나 신성하던가! 어떻게 이런 선물이 나에게 왔을까! 쥐면 부서질라, 불면 날아갈라! 감동! 감동의 물결 아니던가! 좋아서 어쩔 줄 몰랐다. 이렇게 우리는 신의 귀한 선물을 받은 사람들이다. 그 이름 부모이다.

 **부모는 신이 선택한 사람이다**

왜 하필 당신에게 부모가 되어 살아갈 운명을 주었을까? 왜 하필 당신과 인연이 되어 한 생명을 태어나게 했을까? 평생 당신의 자녀로 살게 했을까? 당신은 신이 선택한 사람이다. 신의 가장 사랑하는 자식을 당신의 몸을 빌려서 태어나게 한 것이다. 그리고 신이 하는 그 일을 당신에게 대신하도록 허락했다. 그게 부모다. 바로 당신이다. '신은 너무도 바쁘기 때문에 이 세상 사람들을 다 보살필 수 없어서 부모(엄마)를 대신 보냈다.'라고 한다. 굳이 엄마로 국한하고 싶지 않다. 아빠도 이런 엄청난 사람일 때가 많기 때문이다.

그렇다. 부모는 신의 대리인이다. 신을 대신하여 부모라는 이름으로 이 세상에 온 것이다. 신의 능력을 이미 부여받은 사람이다. 신의 축복을 받은 사람들인 것이다. 신을 대신하여 사랑하는 자식을 돌보라고! 신이 너무 바빠서, 직접 와서 돌볼 수 없어서 당신을 대신 보낸 것이다. 이미 신이 할 수 있는 능력까지 주어서 말이다!

"여자는 약하다. 그러나 엄마는 강하다."

아주 오래전 1학년을 할 때, 제자와 그 엄마가 생각이 난다. 사지(四肢)가 뒤틀려 태어난 남자아이였다. 마음대로 잘 걸을 수도 없는 아이를 엄마는 세상에서 가장 소중한 아이로 감싸 안았다. 한 발짝도 못 가서 비틀거리다 부딪혀서 넘어지는 아이였다. 이 아이에게 화장실 가는 연습부터 시키고, 학교 가는 길 신호등을 혼자 가는 연습을 시키고, 그 과정을 숨어서 지켜보며 피눈물을 참아내던 엄마, 엄마라는 이름으로 감당해 내었다. 정말 신의 모습이 따로 없었다.

평소에는 우리는 그냥 여자일 때가 많다. 하지만 어떤 상황에서는 바로 엄마라는 이름으로 확 돌변한다. 자녀를 위해서라면 그 어떤 어려움도 마다하지 않는다. 초인적인 힘을 발휘한다. 세상에서 누구도 범접하지 못하는 힘센 장사도 되고 용맹스런 용사도 된다. 사람으로서는 도저히 해낼 수 없는 그 어떤 역경도 이겨내는 사람. 신만이 할 수 있는 일을 해 내는 사람. 그 이름, 어머니! '어머니' 란 단어는 신의 또 다른 이름이다.

신의 축복은 미션을 통과해야 받을 수 있다

늘 가슴 한편에
자식이라는 벅찬 사랑과

자식이라는 시리도록 아픈
커다란 섬이 있습니다.

그 섬은 엄마를 쉬게 하기도 하고
폭풍과 싸우게도 합니다.

또 그렇게 저희를 회복시키기도 하고
저희를 강하게도 만듭니다.

그리고 그 섬을 사랑합니다…….

부모 교육 프로그램에 참여했던 어머니께서 마치면서 써 주신
편지글의 일부이다. 그렇다. 부모의 자리가 감동으로 벅차오를
때도 많지만 힘들어서 당장 포기하고 싶을 때 또한 너무나 많
다. 부모가 되어 산다는 게 어디 호락호락한 일이던가. 세상에
부모 노릇 하기가 제일 힘들다고 말한다. 이 말에 부모들은
100% 공감할 것이다. 부모로 사는 것만큼 힘든 일은 없다는 것
을 아이가 태어나고 자라면서 서서히 경험하게 된다. 갈수록 더
힘이 든다는 것을 부모로 살면서 평생 경험하게 된다.

왜 신은 당신을 선택해 놓고 이런 힘든 경험을 하게 하는 것일까? 어떤 축복을 내리려고 힘든 부모의 길을 걸어가게 하는 것일까? 어디까지 노력해야 축복을 주시는 것일까? 신의 숨은 의도는 무엇일까? 신이 나에게 부모로서 준 미션은 무엇일까?

1) 원석을 상처내지 말기를!

『당신의 아이는 이미 영재다』 – 데이비드 루이스
『당신의 아이는 원래 천재다』 – 이지성

위의 책들에서 말하고 있다. 당신의 자녀는 이미 영특하게 태어났다. 당신의 자녀는 이미 무한한 가능성을 가지고 태어났다고 말한다. 모든 자녀는 이미 보석이다. 원석을 가지고 태어난다. 원석을 갈고 닦아 보석으로 반짝반짝 빛나게 만드는 것은 부모의 몫이다. 천재성이 실현되고 안 되고는 부모, 당신 하기에 달렸다.

원석을 상처 내면 안 된다. 신은 자신의 가장 아끼는 자식을 이 세상에 보냈다. 모든 아이는 세상에 나올 때 이미 원석이다. 원석을 갈고 닦아 보석으로 만든다면서 상처 내면 안 된다. 부모의 과도한 욕심을 채우기 위한 희생양이 되어서는 안 된다. 원석이 훼손되어 원래 보석의 성질을 잃어버리면 끝이다. 자연스럽게 성장하여 자기 스스로 보석의 광채를 낼 때까지 기다리는 것이 부모가 할 일이다.

이 첫 번째 미션을 잘 통과해야 앞으로 자녀로 인해 신의 더 큰 선물을 받게 될 것이다.

2) 부모를 사람 만들려고 보낸 사람이 자녀다

생각해 보자. 신의 입장에서 보면 부모도 자녀도 둘 다 신의 자식이다. 둘 다 사랑하는 대상이다. 왜 이렇게 부모와 자녀의 관계로 연을 맺어 주었을까? 둘 다 최고의 시너지를 내는 관계가 될 수 있다는 믿음이 있었기 때문에 부모-자녀로 짝지어 준 게 아닐까? 그 다음은 부모-자녀가 함께 노력해야 할 몫이다.

부모가 되지 않았다면 얼마나 철부지로 살았을까? 결혼을 하고 나이를 먹어도 부모가 되어 살지 않았다면 어땠을까? 부모로 살면서 얼마나 많은 삶의 희로애락을 경험하는가. 부모가 되지 않은 사람을 구분 짓고 말하는 것은 아니다. 부모로 산다는 것이 어떤 의미인지를 말하고 싶은 것이다.

부모(나)를 사람 만들려고 부모(나)에게 보낸 사람이 자식이라고 생각한다. 부모를 성장시키려고 보낸 사람이 자식이라고 생각한다. 자식은 부모에게 빚을 받으러 온 사람이라고 한다. 우리는 자녀에게 전생에 많은 빚을 진 사람들이다. 퍼 주어도 또 주어도 자꾸 더 해 주고 싶은 마음이 드는 게 부모이다. 빚 갚는 일인데 주면서 억울해 하지는 말아야 한다. 기꺼이 주고 넉넉하게 주어야 한다. 빚이란 무조건 퍼주는 물질을 두고 말하는 것이 절대 아니라는 것쯤은 이해했을 것이다. 물질보다는 돌봄이나 사랑을 말하는 것이다.

자녀를 키우면서 부모도 철이 든다는 생각이 들지 않는가. 자녀를 사랑으로 돌보고 성장시키는 일은 얼마나 힘들고 또 노력이 필요한 일이던가. 차라리 빚을 갚는 일이 더 편할지도 모를 일이다. 부모만 힘들까? 자녀도 마찬가지로 부모인 나와 함께 노력하는 것이다. 빨리 빚을 갚고 홀가분해지라고 조금만 잘해 주어도 금방 예쁜 짓 하는 자녀로 돌아와 주지 않던가. 부모가 조금만 노력하고 더 많이 빚을 갚았다고 자녀에게 우기면 안 될 일이다. 평생 빚을 갚아나가야 하는 것이 부모의 자리다. 빚 갚은 만큼 성장하는 일이니까 괜찮지 않은가. 빚을 잘 갚으면 부모도 자녀도 성장하게 된다. 빚 갚는 일, 결국 부모를 사람 만드는 일이다. 철들게 하는 일이다.

내 딸이 나에게 온 이유를 빚을 갚아 나가면서 깨닫게 되었다. 딸아이 덕분에 삶의 블랙홀을 빠져나올 수 있었고, 나를 온전히 일으킬 수 있었다. 정신을 차리고부터는 딸아이에게 사랑을 듬뿍 주려고 노력했다. 나를 먼저 사랑하는 것이 딸아이를 사랑하는 길임을 깨닫게 되었다. 먼저 나를 사랑하고자 피나는 노력을 했다. 다행히 예전의 내가 아닌 다른 사람으로 다시 태어나게 되었다. 딸아이에게도 온전한 사랑을 줄 수 있었다.

그 사랑의 에너지가 지금은 다른 사람들을 돕는 에너지로 쓰이고 있다. 나는 딸아이의 엄마로 살면서 다시 태어나게 되었다. 한 인간으로서 철이 든 것이다. 내 딸은 나를 사람 만들려고 이 세상에 온 것이다. 내가 정신 차릴 때까지 끝까지 포기하지 않았다. 내가 정신 차리니까 나를 엄마로 받아주었다, 딸은 신이 보낸 선물이다. 얼마나 감사해야 할 인연인가!

당신은 자녀의 존재를 어떤 의미로 해석하는가? 당신은 자녀가 신의 선물임을 눈치챘는가? 신이 보낸 선물을 얼마나 소중하게 다루고 있는가? 신이 보낸 미션을 얼마나 잘 수행하고 있는가? 그래서 어떤 축복을 받고 있는가? 앞으로 더 받고 싶은가?

나는 앞으로도 내 딸을 신이 보낸 선물이라고 생각하며 살 것이다. 원석을 상처 내는 일은 하지 않을 것이다. 원석이 빛나는 보석이 되도록 도울 것이다. 딸아이 스스로의 에너지로 성장하고 스스로 빛을 내도록 믿고 기다려 줄 것이다. 딸에게도 말해 두었다.

"엄마가 혹시 엄마라는 이유로 사랑한다는 이유로 네 삶에 끼어든다고 생각이 들면 언제든지 옐로카드 들어줘!"라고.

그럴 때마다 내 딸은 이렇게 말한다.

"엄마, 걱정 마요. 나도 엄마의 보석 잘 간수하고 있을게요."

이런 센스쟁이!

앞으로도 부모로서 나에게 주어지는 신의 미션에 귀 기울일 것이다. 미션을 잘 완수하고 축복도 받을 것이다. 이래서 부모로 산다는 건 평생 긴장되는 일이지만, 반드시 축복이 기다리고 있기에 또 얼마나 설레는 자리인가!

진짜 부모,
크게 남는
장사!

"부모가 된 게 무슨 장사하는 일이냐?"라고 의아해할 것이다. 그것도 '크게 남는 장사'라고 하니까 자식을 상대로 무슨 장사를 할 속셈이냐고 반문할지도 모르겠다. 내가 말하고자 하는 것은 진짜 부모로 살면 자식은 저절로 잘 성장한다는 이야기를 하려는 것이다. 자식에게 집중하는 삶이 아니라 부모 자신에게 집중하여 사는 삶일 때 자식은 덤으로 잘된다는 뜻이다. 자신만 챙겼는데 자식까지 잘되었으니 이것이 남는 장사가 아니고 무엇인가? 원 플러스 원 또는 그 이상이다. 아주 크게 남는 장사를 할 수 있는 길이 있다. 당신이 그 대박의 주인공이 될 수 있다. 반드시 진짜 부모로 살아야 남는 장사이다.

왜 크게 남는 장사인가? 남는 장사는 어떤 의미인가? 투자 대비 이득이 많은 것을 '남는 장사'라고 한다. 이득이 몇 배 많아질 때 '크게 남는 장사'라고 한다. "자식 농사 잘 지었네!"라고 말할 때 이것이 '남는 장사'라는 의미와 맞아떨어지는 뜻일 것이다. 자식을 키워 그 자식이 잘될 때 사람들은 그 부모를 부러워한다. 그 부모는 더할 수 없는 행복한 기분을 맛본다. 자신이 행복한 것보다 더한 행복이다.

부모가 노력한 것에 비하여 더 많은 것이 자식에게서 되돌아올 때 남는 장사라고 할 수 있다. 부모가 어떻게 하면 남는 장사를 할 수 있다는 말인가? 무엇을 투자하고 무엇을 자식으로부터 받을 수 있다는 말인가?

 ## 돈은 쓰지 않고 마음을 쓴다

진짜 부모는 돈을 쓰지 않는다. 대신에 마음을 많이 쓴다. 물질적인 것이 들어가지 않았으니 확실한 이익이다. 투자 대비 산출물이 좋으니까 '진짜 부모는 남는 장사'라고 할 수 있다.

진짜 부모가 마음을 어떻게 쓴다는 것인가? 2장에서 진짜 부모가 마음을 어떻게 쓰는지 이미 배웠다. 의사소통법에서는 자녀의 마음을 잘 읽어주고 부모의 마음을 전하는 공부를 배웠다. 정서를 공부할 때는 정서가 왜 중요한지, 어떻게 정서를 돌봐주어야 하는지를 배웠다.

정서를 돌보는 것이 돈이 드는 일이던가? 아니었다. 그렇지만 마음은 얼마나 쓰이는 일이던가. 그래서 그만 포기하고 예전처럼 돌아가고 싶은 적도 많지 않았는가. 그래도 포기하지 않고 계속 진짜 부모로 살아갈 다짐을 하는 당신은 정말 대단한 사람이다.

마음을 읽어주면 자녀가 어떻게 변하던가? 자기 스스로 문제를 해결하기 위하여 노력하지 않던가. 부모가 무슨 노력을 했는가? 부모는 마음만 읽어 주었다. 그 결과 자녀가 스스로 할 수 있는 힘이 생겼다. 자녀가 자신의 문제를 스스로 해결해 나갈 수 있었다. 이러는 과정에 자녀는 스스로 성장하고 또 다른 일을 시도해 본다. 이렇게 하루하루 성장해 간다. 진짜 부모는 돈을 쓰는 게 아니라 대신 마음을 쓰면서 자녀를 키운다. 물질보다 마음을 훨씬 많이 쓴다.

이런 자녀는 나중에 어떻게 되는가? 주위에서도 많이 보았을 것이다. 부모에게 고마워하고 마음을 다해 효도한다. 부모의 기대보다 더 훌륭한 사람이 된다. 부모가 한 것보다 더 많이 갚아 준다. 진짜 부모는 이래서 남는 장사다.

가짜 부모랑 비교해 보면 왜 남는 장사인지 판가름 난다. 진짜 부모가 마음을 쓸 때 가짜 부모는 돈을 쓴다. 어릴 때부터 학원을 뺑뺑이 돌리고 고액 과외를 시킨다. 상상하지 못할 만큼 돈을 쓴다. 가짜 부모에게서 자녀는 부모가 투자하는 대로 실적이 나와야 하는 생산품이다.

그런데 이렇게 돈만 쓰는 자식이 잘되던가? 돈만 써서 잘되었다는 소리는 듣지 못했다. 나중에 반항하기 시작하면 부모의 마음이 엄청 다친다. 물질만 축나고 돌아오는 것이 없다. 자꾸자꾸 돈이 들어간다. '밑 빠진 독에 물 붓기'다. 더 큰 것을 요구하고 더 값비싼 것을 요구한다. 부모에게 돌아오는 것은 원망과 분노뿐이다. 그래서 가짜 부모는 손해 보는 장사다. 손해 보아도 손해배상 청구할 곳도 없다. 최소한 하소연할 곳도 없다. 그래서 억울함만 남는다.

 ## 나만 잘하면 된다 - 최소한 1+1이다

호이겐 실험이라고 있다. 호이겐은 네덜란드의 과학자이다. 취미가 시계 수집이었는데, 어느 날 이상한 현상을 발견한다. 시계를 모아둔 곳의 추는 처음에 각자 다르게 움직였다. 그런데 다음 날 가보면 같이 움직이고 있었다. 아무도 들어오지 못하게 하고 관찰을 했다. 시간이 지남에 따라 서서히 같이 움직이고 있었다. 미세한 파장을 자세히 관찰해 보니 어떤 물체를 중심으로 서서히 같이 움직이고 있다는 것을 발견했다. 그 물체는 그곳에 있는 가장 크고 무거운 시계였다.

부모로 사는 당신은 호이겐 실험의 크고 무거운 시계이다. 자녀는 당신의 파장을 느끼고 서서히 같이 움직이게 되는 작은 시계이다. 당신이 자녀에게 어떤 파장을 줄지는 당신이 결정해야 한다.

그렇다. 부모인 당신만 잘하면 된다. 부모가 먼저 잘하면 자녀는 부모 하는 것 보고 그대로 따라하게 된다. 따라하라고 말하지도 않았는데 자기도 모르게 서서히 따라하게 된다. 부모만 잘해도 자녀는 자동적으로 잘하게 되니까 얼마나 남는 장사인가! 한마디로 '원 플러스 원'이다. 기대하지도 않았는데 똑같은 물건을 받게 될 때 기분이 어떻던가? 바로 그 느낌이다. 이 얼마나 대박인가!

"엄마, 박사 학위 받고 뭐 할 거야?"
어느 날 딸아이가 물었다. 진지하게 생각해 본 적이 없었다. 얼떨결에 나온 답이, "글쎄, 엄마는 그냥 열심히 공부해보고 싶어서 순수한 마음으로 공부한 건데⋯⋯."
그러자 내 딸이 이렇게 또 물었다.
"엄마, 박사 학위 받으면 강의할 수 없어?"
딸의 이 말에 정신이 번쩍 들었다. 사실, 학위를 받고는 편하게 쉬고 싶은 마음이 많았다. 계속 그냥 편하게 지내고 싶었다. 솔직히 박사 학위는 그냥 남들에게 보여주기 위한 것이었다. 나를 포장해 주는 포장지쯤으로 만족하려고 했었다.

그런데 내 딸이 엄마의 삶을 계속 보고 있었다. 하나부터 열까지 세심하게 들여다보고 있었다. 박사 공부를 하는 과정도, 학위를 받고 엄마가 어떻게 나아갈 것인지 유심히 보고 있었던 것이다. 딸의 말에 마음을 다잡고 바로 대학 강의를 시작했다. 딸이 보고 있다고 생각하니 도전할 수 있었다. 딸도 박사 학위가 어떤 건지, 대학교수가 어떤 건지를 엄마를 보면서 자연스럽게 알게 되었다. 엄마의 도전을 보면서 딸아이도 새로운 도전을 하리라 다짐하게 되는 것 같았다.

그 이후로 딸이 나의 삶을 엿보고 있는 것 같아 항상 신경이 쓰였다. 한마디로 좋은 긴장이다. 그래서 나 자신의 삶에 더 집중하게 되었다. 딸아이에게 어떻게 살면 된다고 강요하지 않는다. 그냥 어떻게 사는지 보여주면 그만이다. 보여주지 않으려고 해도 딸이 보고 있다. 들키지 않으려고 해도 소용이 없다. 부모와 자녀로 사는 이상 리얼 생방송으로 보여주고 보는 것이다. 어느 순간 자녀는 부모의 '따라쟁이'가 되어 살고 있을 것이다.

자녀가 내 삶을 보고 있는데 얼마나 긴장이 되는지 모른다. 내가 가진 능력보다 더 잘해서 딸에게 보이고 싶다. 내가 얼마나 노력하고 있는지 보여주고 싶다. 딸도 그렇게 노력하게 될 테니까. 이 책을 쓰고 있는 지금도 딸이 엄마를 보고 있다는 생각으로 쓰고 있다. 과정 과정마다 딸에게 다 오픈하고 있다. 힘든 과정도, 실패의 과정도, 다시 일어서는 과정도 다 보여주고 있다. 그래서 더 좋은 책, 더 가치 있는 책을 쓰려고 노력하게 된다.

나만 잘되어도 충분히 투자할 가치가 있는데, 자식까지 잘된다고 생각하니까 목숨 걸고 잘 하고 싶지 않은가? 나는 이 사실을 깨달았을 때 '와, 이것 정말 대박인데!' 하는 생각이 절로 들었다. 정말이지 더 자주 잘 해내는 모습을 딸에게 보여주고 싶다. 남는 장사는 한 번 해 보면 자꾸 중독이 되는 것 같다. 진짜 부모 노릇도 사실은 중독이다. 진짜 부모로 살면 더 진짜 부모가 되고 싶다. 내가 행복해지면 자녀도 행복해지니까 중독될 수밖에 없다.

지금 딸과 난 절친이라고 이미 소개했다. 예전엔 내가 딸의 친구가 많이 되어 주었다. 지금은 딸이 나의 가장 친한 친구가 되어준다. 최고의 인생 상담자이다. 예전엔 내가 딸에게 많은 인생 상담을 해 주었다. 이제는 조금만 막혀도 딸을 찾는다. 아주 명쾌하게 속 시원하게 상담을 해 준다. 상담료는 물론 예전에 내가 베푼 값이다.

이런 것이 크게 남는 장사가 아니고 무엇인가. 딸은 내가 배워주지도 보여주지도 않은 것까지 잘 해낸다. 이제 나의 능력을 넘어서서 훌륭한 역할을 아주 능숙하게 잘 해내고 있다. 그 능력이 엄마인 나를 위해서도 아주 요긴하게 사용된다. 딸에게 돌봄을 받는 이 기분은 받아보지 않은 사람은 모른다. 아주 행복하다!

딸이 나를 닮았으면 해서 열심히 살았다. 이제는 딸의 삶이 너무 아름다워서 내가 대신 딸처럼 살아보고 싶다. 나도 딸처럼 그렇게 지혜로워지고 싶고, 때로는 아주 명석한 사람이 되고 싶다.

'최고의 찬사는 닮아가는 것'이라고 한다.

"엄마 닮으면 대박이지!"

딸이 한 이 말만큼 내 인생의 대박이 또 어디 있을까! 이제는 딸에게 이런 말을 해 주고 싶다.

"딸아, 엄마도 딸처럼 멋진 사람이 되고 싶다!"

그러면 우리 딸은 마음속으로 이렇게 외칠 것이다.

'와, 대박!'

진짜 부모로 살면 '쌍대박'이다! 정말 크게 남는 장사다!

♥
가짜부모 진짜부모

마음박사
학위까지
패스하자

유치원 때 일이었다. 딸아이가 놀이터에서 놀다가 울면서 들어왔다.

"딸아, 무슨 속상한 일 있었어?"

딸은 무슨 일이 있었는지 말을 해 주지 않는다. 뜻밖에 이런 말을 한다.

"엄마가 다 알면서……."

엄마한테 수수께끼를 내는 것처럼 알아맞히라고 한다. 무슨 뜻인지 몰라 한참 생각을 해 보았다. 그리고 딸에게 물었다.

"엄마가 왜 다 안다고 생각했어?"

뜬금없이 또 이렇게 답을 한다.

"엄마는 박사잖아!"

"무슨 박사?"

그때는 내가 박사 학위를 받기 전인데…….

무슨 말인지 궁금해서 다시 물었다.

"무슨 박사?"

"마음박사."

'마음박사'란다. 이게 무슨 뜻인지? 아마 이런 의미인 것 같았다. 평소에 딸아이가 속상하거나 화난 일이 있으면 항상 엄마가 마음을 읽어주니까 엄마는 자기 마음을 완전히 다 꿰뚫고 있다고 생각했나 보다! 속상하고 마음이 힘들 때 마음 읽어주고 공감해 준 게 마음속까지 시원해졌었나 보다. 그래서 이렇게 큰 훈장을 안겨주다니! '마음박사'라는 훈장을!

이 '마음박사'라는 말이 엄마로 살아갈 나에게 얼마나 큰 용기와 힘을 실어 주었는지 모른다. 딸아이를 남편 없이 혼자 키우면서 때로는 많이 불안했다. '이렇게 하는 게 정말 잘하는 걸까?' '정말 잘 키우고 싶은데 어떻게 하면 좋지?' 이런 불안함, 희망사항으로 심리학 공부를 시작했다. 좋은 프로그램이 있으면 무조건 배웠고 딸아이에게 바로 적용했다. 그렇게 키우고 있었는데 딸이 '마음박사'라고 말해 주었으니 얼마나 다행이라는 생각이 들었는지! '그래, 내가 배운 것을 딸아이에게 잘 적용하면서 키우고 있구나.' 하는 안도감이 들었다. 그리고 더 잘해야겠다는 다짐도 했다.

그런데 참 신기했다. 내가 한 말이라고는 "힘들었지?" "속상했겠다." 이런 말밖에 해 준 것이 없는데……. 내 딸은 엄마가 자기의 마음을 이미 다 알고 있다고 생각했나 보다. 얼마나 마음이 후련했으면 '마음박사'라고까지 말해 주었을까! 초등학생 아이가 알고 있는 박사라는 말은 우리가 알고 있는 것보다 훨씬 더 척척박사의 의미일 것이다. 그것도 마음박사라고 말해 주었으니 이보다 더한 찬사는 없었다.

부모로서 자녀에게 박사 학위 받아본 사람 얼마나 될까? 자녀에게 박사 학위 받아본 느낌은 한마디로 짜릿하다. 자녀가 당신에게 박사 학위를 준다면 어떤 학위를 줄 것 같은가? 나처럼 마음박사 학위는 어떤가? 이왕 진짜 부모 된 김에 이어서 마음박사 학위까지 도전해 보자. 마음에 대하여는 정서를 공부할 때 이미 해 둔 상태라서 심화 학습인 셈이다. 당신도 마음박사 학위를 충분히 딸 수 있다.

 ## 마음박사 학위란 무엇인가?

한마디로 마음에 대하여 완전히 꿰뚫고 있는 사람을 '마음박사'라고 한다. 앞에서 배운 경청이나 나−전달법이 능숙하게 잘 되는 사람이 받을 수 있는 학위이다. 이미 진짜 부모가 되어 실천하는 부모님들이니까 이런 것쯤은 '식은 죽 먹기'라고 할 수 있을 것 같다. 그래도 점검 차원에서 한번 복습해 보자. 그래야 마음박사 학위를 쉽게 통과할 수 있을 것이다.

오늘 가짜 부모를 한 분 보았다. 수업을 마치고 퇴근하는 길에 이비인후과에 들렀다. 오빠, 여동생을 데리고 병원에 온 엄마가 있었다. 오빠가 초등 2학년쯤 되어 보이고 동생은 유치원생, 여섯 살쯤 되어 보였다. 보통 아이들보다 조금 더 조용한 편에 속하는 아이들처럼 느껴졌다. 뭐 눈에는 뭐만 보인다고! 엄마와 자녀들 하는 행동과 주고받는 말이 자꾸 눈에 들어왔다.

　이상한 점을 발견했다. 유독 딸아이가 하는 행동에 대하여만 엄마가 자꾸 간섭을 하고 있는 것이었다. 오빠 가방을 보고 싶다고 해도 바로 저지시키고. 병원 소파에 조금 편하게 있으니까 드디어 엄마가 이러는 거다.

"그만하라고 했다."

　단호하게 목소리 깔아서 하는 말 있지 않은가?

　그 말을 대강 세어도 여덟 번쯤을 계속해서 하는 것이었다.

"그만하라고 했다. 그만하라고 ……"

　이미 아이는 그런 행동을 하지도 않고 있는데 엄마는 계속 명령하듯 말하고 있었다. 딸아이는 너무 속상한지 이렇게 말했다.

"엄마는 만날 잔소리만 하고……."

　그 말은 들은 척도 않고 걸림돌로 딸을 기선 제압해 버렸다.

"너 한 번만 더 그러면 엄마 화낸다."

　이 말에 두 아이들 반응이 순간 굳어졌다. 쥐 죽은 듯 싸하게 조용해졌다. 도대체 평소에 어떻게 화를 내길래 아이들이 순식간에 이렇게 얼음이 될 수 있을까? 어린아이들인데.

이제 진짜 부모인 여러분이 가짜 부모를 도와줄 차례다. 여기서는 자녀에게 그렇게 사사건건 간섭하는 부모의 행동은 일단 눈감아 주자. 자녀가 한 말에만 집중하고 그 답을 찾아주자.

먼저 자녀의 마음이 불편한 상황을 알아차렸는가?

"엄마는 만날 잔소리만 하고."

이랬을 때 딸아이는 마음이 몹시 불편했을 것이다. 당신이라면 어떻게 말해 주겠는가?

"엄마가 잔소리 많이 해서 힘들었구나!"

이 정도 해도 A⁺ 학점이다. 한 단계 더 나아가 볼까? 엄마 마음의 불편함을 자녀에게 전해보자. 앞에서 배운 나-전달법을 사용해서 말해 보자는 것이다. 감정만 전해도 충분하다. "엄마는 네가 병원에 와서 이렇게 하면 마음이 불편해."

나-전달법까지 능숙하게 할 수 있으니까 바로 '마음박사 학위' 통과다!

그냥 이렇게 하면 될 것을! 이렇게만 해도 딸아이가 스스로 조용히 할 텐데. 자녀에게 경고하고 위협하고 이게 무슨 짓인가! 부모가 어디 폭군인가! 폭군이 되면 부모 마음이 행복할까? 폭군이야말로 제일 마음이 여린 사람들이라고 한다. 자신의 여린 모습을 들킬까 봐 미리 겁먹고 더 세게 행동하는 것이라고 한다. 제일 사랑해야 할 부모-자녀 사이인데, 정말 안타까운 광경이었다.

너무나 자주 이런 비슷한 상황들을 목격한다. 괜찮게 클 아이들인데, 가짜 부모들이 이런 아이들을 형편없이 만들어 놓는 것 같아서 너무 안타깝다. 이런 생각도 들었다. 진짜 부모 먼저 된 여러분들 모두 출동시키고 싶다. 가짜 부모들이 그렇게 행동할 때 '짠!'하고 나타나서 자존심 안 상하게 일러주기라도 했으면 좋겠다. 여러분이 가짜 부모로 살 때의 동병상련의 마음이 되어서 도와주었으면 좋겠다. 부모가 조금만 바뀌어도 자녀는 금방 변하는데……. 자녀가 오히려 부모를 포기하지 않고 끝까지 기다리고 있는데…….

 **마음박사, 자녀가 인정해주는 학위이다**

엄마에게 마음박사 학위를 주더니 마음박사님 엄마를 수시로 호출하기 시작했다. 그 이야기를 조금 더 해야겠다.

중학교 때의 일이다.

"엄마, 토요일 시간 있어?"

"그래, 당근 있지. 그런데 왜?"

"아니, 우리 친구들이 엄마랑 이야기하고 싶다고 그래서……."

이건 또 무슨 말인지? 금방 어깨가 우쭐해졌다. 도대체 친구들에게 이 엄마를 어떻게 선전을 했기에, 사춘기 아이들이 나를

찾는단 말인가? 중2 여학생이면 어떤 나이인가? 그야말로 북한
이 무서워하는 집단, 그 중2 아닌가? 친구들과 비밀을 공유하는
나이 아닌가? 엄마는 철저하게 왕따시키는 나이 아닌가? 그런
까칠한 중2 딸아이들이 친구의 엄마인 나를 찾아주다니! 이 얼
마나 영광스럽고 고마운 일인지! 순전히 엄마에 대한 딸의 과장
홍보 덕분이다.

　딸아이가 잡아준 스케줄에 맞춰서 토요일이면 자주 딸 친구들
을 만났다. 딸이 주선해 놓으면 나는 만나면 되었다. 어떤 때는
친구들 엄마들과 함께 만나는 날도 있었다. 내가 꼭 대단한 사
람이 된 것 같았다. 딸은 엄마에게 마음박사 학위를 주더니 정
말 제대로 써먹었다. 수시로 호출을 해댔다. 참 신나는 호출이
었다.

　이러던 딸이 고등학교 가서는 어땠는지 아는가? 아예 자기가
엄마 역할을 하고 다녔다.

　'서당개 삼 년이면 풍월을 읊는다.'라고 하지 않던가! 그새 엄마
어깨너머로 배웠는지 친구들과 상담 비슷한 걸 하는 것 같았다.

　현장학습을 갔다 돌아오는 날이었다.

　"엄마, 어제 진짜 재미있었어!"

　뭐가 재미있었다는 말일까? 궁금해서 얼른 관심을 보였다.

　"왜, 무슨 일 있었어?"

　"아니, 어젯밤에 우리 반 여학생들 울고불고 난리가 아니었어!"

　"뭐가?"

　"아니, 진실게임을 하자고 해서 내가 먼저 했거든. 아빠 없다

는 이야기를 먼저 했지. 그리고 엄마랑 둘이 살아도 너무 행복하다고 말을 했어. 그랬더니 친구들이 울면서 막 자기 얘기를 하기 시작하는 거야. '우리 엄마 아빠는 만날 싸워. 헤어지겠다고 하는 것 같기도 하고.' 그러면서 여기저기서 울기 시작하는데……. 그래서 엄마, 내가 막 친구들을 위로해 주었거든. 그랬더니 아예 울음바다가 되는 거야. 친구들은 울고, 나는 위로하고 난리가 아니었어. 실컷 울고 나더니 나보고 고맙다고 그랬어. 속이 시원하다고 했어. 내가 완전 인기짱이었어!"

딸은 어젯밤에 친구들과 있었던 일을 따발총처럼 쏟아냈다. 싸움에 나간 장수가 무용담을 들려주듯이 에너지가 충천하였다. 이미 딸은 집단상담 같은 걸 진행한 셈이었다. 그리고 그런 역할을 잘 해내고 있었다.

이러던 딸이 드디어 엄마와 같은 길을 가겠다고 했다. 대학교에서 심리학을 공부하겠다고 결정했다. 대학에 들어가기 위한 에세이에 이렇게 썼단다.

"나는 엄마의 삶이 무척 궁금하다. 우리 엄마는 혼자 사는데 왜 저렇게 에너지가 넘치고 긍정적인지! 왜 나는 우리 엄마에게서 그렇게 행복하게 자랐는지? 나도 엄마 같은 엄마가 되고 싶다. 그리고 아이들을 잘 키우기 위해서는 엄마들을 먼저 교육시켜야 한다고 생각한다. 그래서 이 공부를 하고 싶다……."

팔불출 한 번만 더 되어야겠다. 우리 딸 정말 멋지지 않은가! 어떻게 이렇게 야무진 생각을 하게 되었는지! 어쩌면 이렇게 핵심을 알고 있는지! 아이들을 잘 키우기 위해서는 엄마들을 먼저 교육시켜야 한다는 것을 어떻게 알게 되었을까? 나는 대학교 가서 진짜 박사 학위 받고도 못 깨우친 것을, 부모 교육 강사 되고 강의하면서 깨우친 건데, 그것을 우리 딸은 대학교 가기도 전에 깨달아 버렸으니…….

지금까지 내가 진짜 부모로 잘 살아왔다면 딸이 붙여준 마음 박사 학위 덕분이라고 생각한다. 마음박사 엄마를 딸이 무조건 인정해준 덕분이다. 진짜 부모가 되기 위해 신나게 노력할 수 있었다. 마음박사 학위에 걸맞게 행동할 수 있게 책임감을 주었던 것 같다. 지금도 마음박사 학위는 전혀 빛이 바래지 않고 세월이 갈수록 더 귀하고 빛을 발하는 박사 학위가 되고 있다. 세상에 그 어떤 박사 학위보다도 더 영광스런 학위이다.

이런 영광스런 학위, '마음박사' 학위에 도전해 보자. 진짜 부모가 된 사람이라면 누구나 딸 수 있다. 관심을 기울이고 노력하면 금방 딸 수 있다. 당신도 마음박사 학위를 꼭 딸 수 있기를 응원한다.

백만 불짜리
유산,
독서 습관

"딸아, 만약 엄마가 죽음을 앞두고 있다고 하자. 우리 딸에게 마지막으로 한 가지 유언만 할 수 있다면 바로 '독서'다. 그러면 엄마는 마음 놓고 눈을 감을 수 있을 것 같다. 마음이 놓이는 정도가 아니라, 아주 편안한 마음으로 죽음을 맞이할 수 있을 것 같다."

최근 딸에게 보낸 메일 내용이다. 며칠을 고민하다가 보냈다. 혹시 독서를 강요하는 느낌이 들면 더 독서를 안 할까 봐, 보내야 할지 말아야 할지를 몇 날 며칠을 고민했다. 하지만 이 말 안 하면 갈수록 후회될까 봐 용기를 내어 전했다. 정말 간절한 바람을 담아 보낸 메일이었다. 그 말을 전하고 나서는 일단 마음이 한결 가벼웠다. 유언이 지켜질지 안 지켜질지는 내 딸의 몫이지만.

책을 좋아하게 되고, 점점 더 책이 좋아질수록 자꾸 딸 생각이 난다. 딸이 너무 마음에 걸린다. '이 좋은 것을 딸에게도 주고 싶은데……. 내가 먹어도 이렇게 맛있는데, 이 맛난 것 우리 딸이 먹는다면 얼마나 행복할까!' 하는 심정이다. 딸은 아직 독서 습관이 형성되어 있지 않다. 딸이 어릴 때는 내 삶에서 허우적거리느라 제대로 챙겨주지 못했다. 독서 습관을 길러주지 못했다. 이것이 가장 통탄할 노릇이다.

당신이 자녀에게 유언 한 가지만 할 수 있다면, 사랑하는 자식을 위하여 마지막으로 남기고 가고 싶은 말은 무엇인가? 혹시 나처럼 '독서'라고 말하고 싶은 사람도 있는가? 그렇다면 당신은 분명히 책이 간직한 어마어마한 비밀을 잘 알고 있는 사람이다.

독서, 무엇이 이로운가?

독서를 하면 어떤 점이 좋을까? 왜 책이 어마어마한 비밀을 간직하고 있다고 말할까? 나는 초등교사이다. 학교 현장에서 학생들과 생활하면서 발견한 독서의 이로움, 그 비밀에 대하여 이야기를 들려주고 싶은 것이다.

1) 독서 = 공부

자녀를 키우는 부모라면 가장 큰 관심사는 공부이다. 내 자녀가 공부를 잘했으면 하는 게 가장 큰 소망이다. 독서 습관을 기르면 이 고민이 바로 해결된다.

책을 좋아하는 아이는 공부를 잘한다. 초등 저학년에서 표가 안 난다면 고학년부터는 서서히 두각을 나타내기 시작한다. 이 명제는 언제나 '참'이다.

왜 책을 읽으면 공부를 잘하게 될까?

책 읽기는 듣기이다. 저자가 나에게 어떤 이야기를 하고 있는지 귀 기울여 듣는 것이 독서이다. 작가가 나에게 끊임없이 들려주는 메시지를 놓치지 않고 듣는 것이 독서다. 집중하지 않고는 잘 들을 수 없다. 독서 습관이 길러지면 자연스럽게 책에 집중하게 된다. 책을 읽는다고 하지만 사실은 '책 듣기'이다.

학교에서의 공부도 듣기이다. 먼저 교사가 설명하는 내용을 잘 들어야 한다. 들은 것을 이해하는 것이 공부다. 듣고 잘 이해할 수 있는 사람이 공부를 잘한다. 모든 공부의 시작은 듣기이다. 공부를 잘하는 학생은 모두가 듣기의 고수이다. 책 읽는 습관이 길러지면 자연스럽게 듣기의 고수가 될 수 있고, 듣기의 고수는 자연스럽게 공부의 고수가 되는 것이다.

책을 읽을수록 이해력이 증가한다. 책을 읽다 보면 누구의 도움도 받지 않고 자기 스스로 생각하면서 의미를 파악하게 된다. 이 정도면 책을 충분히 이해하면서 읽게 된 것이다. 책을 이해하면서 읽게 되면 책이 더욱 재미있다. 그래서 더 많이 읽게 된다. 책을 더 많이 읽게 되면 사전지식이 차곡차곡 쌓이게 되고 더 많은 것을 더 빨리 이해할 수 있는 힘이 생긴다.

공부도 이해력이다. 이해할 수 있는 내용이 많아질수록 공부가 더 잘된다. 이해한 내용은 기억에 더 잘 저장된다. 이렇게 저장된 기억창고를 기억 네트워크라 한다.

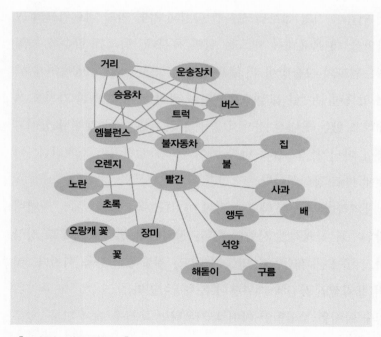

[기억 네트워크]

기억 네트워크가 조밀하게 형성되어 있는 사람일수록 공부를 더 잘하게 된다. '하나를 들어도 열 가지가 바로 이해가 된다.' 이른바 부익부 빈익빈 현상이다. 독서를 한 학생이 학년이 올라 갈수록 공부를 더 잘하게 되는 것은 이런 부익부 현상이 더 심화 되기 때문일 것이다.

2) 독서 = 창의성

내 아이가 창의성이 있는 아이라면 얼마나 좋을까? 걱정하지 말고 책을 읽혀라. 책을 읽을수록 창의적인 아이가 된다. 앞에 서 언급한 기억 네트워크를 한번 살펴보자. 기억 네트워크의 그 물망을 더 촘촘하게 만드는 일이 독서다. 독서를 할수록 기억 네트워크의 그물망이 더 촘촘해진다. 그물망이 더 촘촘하게 되 어 있으면 문제를 해결하기 위하여 관련 있는 정보 한 가지를 꺼 내려고 했는데 다른 것까지 줄줄 딸려 나온다. 이것이 융합이고 통섭 아닌가! 그 결과 반짝 아이디어가 섬광처럼 스쳐간다. 이 것이 바로 창의성이다.

창의적인 사람은 타고난 것이 아니다. 독서를 할수록, 경험이 쌓일수록 창의적인 사람이 된다. 창의적인 생각이 누구도 상상 하지 못했던 결과물을 만들어 내고, 세상에 영향을 끼친다. 이 런 창의적인 사람들 대부분이 독서광이었다.

내 아이를 창의적인 아이로 키우려면 독서를 해야 한다. 갈수 록 더 창의적인 사람이 되게 하려면 독서를 해야 한다. 독서를

♥

대신할 수 있는 더 효과적인 방법은 현재까지는 없다. 책을 읽을수록 더 창의적인 사람이 된다. 앞에서 말했듯이 '부익부 빈익빈' 현상이다.

3) 책은 인성교사이다

요즘은 공부만 잘해서는 성공할 수 없다고 한다. 인성은 실력이라고 말할 만큼 성공하기 위한 필수요건이 되었다. 내 아이를 글로벌 리더로 키우기 위해서는 반드시 인성이 갖추어진 사람으로 키워야 한다. 섬김(베풂)의 리더십을 가진 사람이 글로벌 리더가 될 수 있다. 다른 사람의 입장을 헤아릴 수 있고 윈-윈 할 수 있는 인재가 필요한 시대가 되었다.

독서를 하면 자연스럽게 인성교육이 된다. 어릴 때부터 책을 읽어준 부모님들이라면 아이가 자라면서 갈수록 다른 아이들이랑 뭔가 다름을 느낄 것이다. 부모의 품속에서 책 읽는 소리를 들으며 자랐고, 놀이하듯이 책과 자연스럽게 친해졌고, 책으로 다양한 활동을 하면서 자랐다. 책과 함께 한 이런 다양한 활동들을 통하여 인성도 자연스럽게 길러졌다.

책을 읽게 되면 다양한 사람들을 간접적으로 만난다. 책에서 만나는 다양한 캐릭터들과 나를 비교해 본다. 멋있는 점은 바로 벤치마킹한다. 마음에 들지 않는 캐릭터는 간접 반

성의 기회로 삼는다. 이러는 과정에서 서서히 마음이 동글동글
한 사람이 되어간다. 이런 사람과도 적응하고 저런 사람과도 잘
지내게 된다. 책을 통한 간접 경험 덕분이다. 책을 통한 인성교육
덕분이다.

이지성 작가는 교사 시절에 인성이 나쁜 제자들에게는 위인전
을 읽혔다고 한다. 세 권만 읽게 해도 서서히 달라지고, 열 권을
읽히면 아주 다른 아이로 변한다고 말하고 있다. 훌륭하게 산
사람들의 삶을 통하여 내 삶을 반성하고 그 사람의 인품까지 닮
아가려고 노력하기 때문이다. 책이 그 사람의 인성까지도 변화
시킨다.

학교에서도 보면 책을 제대로 읽은 아이는 따뜻한 난로 같다.
아주 왜소하고 키 작은 1학년 남학생이었다. 처음에는 친구들이
외모만 보고 그 아이를 쉽게 대했다. 얼마 지나지 않아 그 아이
의 진가(眞假)를 친구들이 인정하기 시작했다. 그 아이는 1년 내
내 친구들에게 인기도 많았고 공부도 물론 잘했다. 친구들 속에
서 행복하게 생활했다. 그 아이에게는 따뜻한 카리스마가 느껴
졌다. 그 친구를 닮고 싶어 하는 아이들도 많았다. 그 아이에게
는 매일 저녁 하루도 빠짐없이 책을 읽어주는 엄마가 있었다.
책을 읽어주고 책을 매개로 하여 대화를 나누었다. 이런 노력이
이 아이를 외유내강의 아름다움을 지닌 아이로 자라게 했다. 1
학년인데도 책을 좋아하는 아이와 그렇지 않은 아이들은 벌써부

터 이렇게 차이가 난다.

당신의 자녀가 인기 있는 아이였으면 좋겠는가? 인성이 갖추어진 아이가 되게 하면 된다. 당신의 자녀를 글로벌 리더로 키우고 싶은가? 독서를 하게 하면 된다. 책은 진정한 인성교사이다.

4) 독서할수록 꿈이 자란다

아이들에게 "너의 꿈이 뭐니?"라고 물어보면 대부분 자신의 꿈이 무엇인지 모른다. 독서를 하면 자연스럽게 자기 자신에게 묻게 되는 날이 온다.

"○○야, 넌 꿈이 뭐니?"

그런 물음이 이어지다가 드디어 내 꿈을 만나게 된다. 책 속에는 다양한 분야에서 꿈을 이룬 사람들이 등장한다. 책을 읽다 보면 자신의 꿈과 책 속의 꿈이 만나게 된다.

'아, 나 이런 사람 되고 싶다!'

이렇게 된다. 자연스럽게 자신도 꿈을 꾸게 된다.

책을 읽으면 꿈 멘토를 만나게 된다. 자신이 되고 싶은 사람을 책 속에서 만나게 된다. 직접 만나지 않아도 가슴이 설렌다. 말하지 않아도 당신의 꿈 멘토가 되어준다. 무엇이든 물어보면 지체 않고 책이 가르쳐 준다. 어떻게 꿈을 이룰 수 있었는지 모두 다 가르쳐 준다. 꿈을 이루기 위한 예행연습을 하는 거나 마찬가지다.

내가 책을 좋아한지는 그렇게 오래되지는 않았다. 책을 좋아하고 책을 읽을수록 내 꿈은 더 진화하고 있다. 난 퇴직 후에도 하고 싶은 일이 너무나 많다. 지금 책을 쓰는 것도 나의 꿈을 이루어가는 과정이다. 책을 통하여 김병완 작가님을 만났다. 김병완 작가님처럼 독자들에게 설렘, 감동을 주고 에너지를 실어주는 그런 글을 쓰는 사람이 되고 싶었다. 그리고 난 지금 그 꿈을 이루어 가고 있는 중이다. 앞으로 평생 작가로도 살면서 이 꿈을 차근차근 이뤄가며 살고 싶다. 모두 책 속에서 만난 꿈 멘토 덕분이다. 내가 책을 읽지 않았더라면 이 나이에 이런 설레는 꿈을 꿀 수 있었을까? 나의 꿈은 분명히 책과 함께 더 성장할 것이다.

자녀에게 꿈을 강요하지 말아라. 독서를 하면 자연스럽게 꿈을 만난다. 책 속에서 꿈 멘토를 만나고 어떻게 꿈을 이루어 가는지 코칭을 다 받는다. 아이에게 꿈꾸게 할 방법은 독서이다. 꿈의 내비게이션은 책이다.

5) 행복의 달인이 된다

'한 방면에서 남달리 뛰어난 역량을 가진 사람'을 달인이라고 한다. 달인이 된다는 것은 그만큼 한 분야에서 인정을 받았다는 소리다. '달인 김병만' 코너도 있지 않은가! '행복의 달인'이라는 말은 행복에 관한 한 내가 최고라는 뜻이다. 행복을 자유자재로 가지고 논다는 뜻이다. 행복을 내 마음대로 통제하고 조정하면서 살아간다는 뜻이다. 어떤 상황에서도 행복하게 살아갈 수 있다는 말이다.

우리는 살아가면서 무수한 변수들을 만난다. 전혀 예기치 않았던 삶의 굴곡을 경험하면서 살아간다. 그것이 인생이다. 이런 상황들을 만날 때마다 꼬꾸라질 것인가? 다시 튀어 오를 것인가? 이럴 때 행복의 달인과 일반 사람과의 차이가 난다. 행복의 달인은 다시 튀어 오른다. 꼬꾸라지기 전의 상태보다 더 점프한다.
어떻게 그렇게 되는가? 독서를 하면 위기를 기회로 생각하는 힘이 생긴다. 책 속에서 이런 진리를 발견한다. 위기를 피해 도망가지 않는다. 오히려 위기를 반긴다. 위기에서 배울 점을 생각한다. 그리고 정면승부 한다. 결국 위기를 극복해 낸다. 그것도 빨리. 우리 주변에서 위기를 기회로 삼아 더 업그레이드한 삶을 살아가는 사람들을 만난다. 그냥 그런 힘이 생긴 것은 절대 아니다. 꾸준히 책을 읽어 쌓아온 삶을 잘 살아낼 수 있는 지혜 덕분이다. 책을 읽으면 삶의 굴곡도 두렵지가 않다.
독서는 채움이다. 더 나아가면 진정한 독서는 채운 만큼 비움이다. 비움을 통한 낮아짐이다. 낮아진 사람이란, 자신을 이길 수 있는 사람이다. 자신을 이길 수 있는 사람이 진정 행복의 달인이다. 자신을 이기며 살아갈 수 있는 힘은 독서를 하면 할수록 생긴다.

♥

당신은 자녀가 행복하길 간절히 바랄 것이다. 자녀가 평생 행복의 달인으로 살면 더 바랄 게 없지 않은가! 재산도 돈도 행복의 달인을 만들어주지 못한다. 독서를 통하여 만들어지는 것이다. 독서를 하면 평생 행복의 달인으로 살 수 있다.

독서 습관, 어떻게 길러줄 것인가?

"아이에게 줄 수 있는 최고의 선물은 책 읽는 습관이다. 독서 습관이야말로 지혜로운 부모가 자녀에게 줄 수 있는 가장 큰 선물이다. 지금은 당장 이 선물의 크기와 가치를 모를 수 있다. 하지만 커서 알게 될 것이다. 부모님이 자신에게 정말 크고 귀한 선물을 주었다는 사실을 말이다."

– 『초등 1학년 공부 책 읽기가 전부다』 송재환

작은 것을 꾸준히 실천하면 습관이 된다. 독서 습관도 마찬가지다. 매일 꾸준히 실천하면 독서 습관이 길러진다. 자녀를 독서의 고수로 만든 부모님들이 실천한 방법을 소개하고자 한다.

1) 독서 습관, 초등 1학년을 놓치지 마라

초등학교 1학년 담임을 10년 가까이 했다. 물론 어릴 때부터 독서 습관이 형성되어 책 읽는 즐거움을 아는 아이들도 있다. 하지만 유치원에서 막 올라온 아이들 대부분은 책 읽는 습관이 거의 형성되어 있지 않다. 왜 초등 1학년이 독서 습관을 형성하기에 적기일까?

초등 1학년은 어휘량의 빅뱅이 일어나는 시기이다. 캐나다의 언어학자 펜 필드는 「결정적 시기 이론」을 주장하면서, 아동기는 생애 중에서 어휘 습득이 가장 왕성한 시기라고 밝혔다. 그의 연구에 의하면, 태어나면서 7세까지는 어휘량의 증가 속도는 한 해 500단어 내외 정도이다. 하지만 초등학교 1학년 시기인 8세부터 증가 속도가 확연히 달라진다. 10세 전후로 매년 5,000단어 정도씩 증가한다. 이른바 어휘 습득의 폭발기가 시작된 것이다. 1년에 5,000단어씩 습득하려면 하루 15단어씩 습득해야 한다는 계산이 나온다. 실로 엄청난 양이다. 초등학교 1학년은 어휘량 폭발의 시작점이다.

자녀에게 아직 독서 습관을 길러 주지 못했다면 초등 1학년을 절대 놓치지 마라. 1학년 때 시작해도 전혀 늦지 않다. 차근차근 노력해 가면 자녀의 독서 습관은 자연스럽게 형성될 것이다. 1년 동안만, 아니 6개월만 바짝 노력해도 당신의 자녀를 독서의 고수로 만들어 놓을 수 있다.

학부모 상담을 왔기에 독서 습관이 아직 형성되어 있지 않은 아이라서 부모님께 부탁을 드렸다. 아이에게 매일 조금씩 저녁에 자기 전에 책을 꼭 읽어주면 좋겠다고 조심스럽게 제 생각을 말씀드렸다. 다음 날, 그 아이는 학교에 오자마자 엄마가 저녁에 책을 읽어주었다고 자랑을 늘어놓았다. 엄마가 책을 읽어주는 것이 좋았나 보다. 엄마가 온전히 자신에게 집중해 주는 시간이 행복했나 보다. 아이가 서서히 책을 읽는 모습을 보이더니 이제는 스스로 책을 펼쳐서 읽으며 행복하게 책에 빠져있는 모습을 볼 수 있다. 불과 한 달 만에 일어난 변화이다. 부모가 조금만 노력하면 아이는 금방 변한다.

저학년일수록 독서 습관이 더 빨리 길러진다. 부모가 책을 읽어주면 책 내용도 재미있지만 부모와 함께하는 그 시간이 좋은 것이다. 자신을 위하여 부모가 온통 시간을 내어주는 것이 아이들에게는 더할 수 없이 행복한 시간이다. 부모가 조금만 노력하면 자녀에게 금방 독서 습관을 선물해 줄 수 있다. 평생 독서 습관을 물려주는 것은 돈으로 환산이 안 되는 어마어마한 유산이다.

2) 읽어 주고 또 읽어 주어라

아이가 글을 읽기 시작하면 부모들은 서서히 책 읽어주는 것을 그만둔다. 아이가 글을 읽을 수 있으니까 책도 잘 읽을 수 있다고 생각한다. 이렇게 스스로 책을 읽으면 아이가 글을 빨리 익힐 수 있다고도 생각한다. 물론 책 속의 글은 잘 읽을 수 있을지 모른다. 하지만 책을 읽고 내용을 이해하기는 너무 벅차다. 책을 읽는 것과 책의 내용을 이해하는 것은 다른 차원이다. 책의 내용을 이해할 수 없으면 책 읽기가 싫어진다.

그렇다면 책 읽어주기는 언제까지 계속되어야 하는가? 정답은 자녀가 읽어달라고 할 때까지 읽어주는 것이다. 책을 잘 읽을 줄 알아도 읽어달라고 하면 무조건 읽어 주어라. 그리고 읽어달라고 할 때까지 읽어 주어라. 책을 읽어줄 때 책을 매개로 하여 부모와의 대화시간이 더 소중한 시간이기 때문이다.

트렐리즈는 아이가 배 속에 있을 때부터 시작하여 열네 살이 될 때까지 읽어주라고 한다. 읽기 연령과 듣기 연령이 같아지는 때가 열네 살 정도라고 한다. 이때까지는 아이가 읽어달라고 하면 읽어주자. 그 이후에는 읽어주려고 해도 아이가 마다할 것이다. 이미 독서 습관이 생겨서 혼자 읽어도 재미있기 때문이다. 열네 살 이전에 이미 독서 습관이 형성되어 스스로 읽겠다고 하는 아이도 가끔 읽어달라고 하면 즉시 읽어주면 된다. 평생 유산으로 물려줄 독서 습관인데, 이 정도 투자하지도 않을 생각인가? 자녀를 위하여 기꺼이, 즐거운 마음으로 읽어주고 또 읽어주어라.

3) 하루 15분, 마법의 시간으로 활용하라

책을 읽어 주라고 하는 데는 더 중요한 비밀이 숨어 있기 때문이다. 부모의 품이나 옆에서 부모의 음성으로 듣는 책 읽기는 형언 못할 행복한 시간이다. 온전히 챙김을 받는 시간이다. 책을 읽어주면서 책을 매개로 하여 아이와 이야기 나누는 시간을 행복하게 가지라는 말이다. 등장인물의 입장이 되어보는 대화도

161
♥

나누고, 자신과 비교하여 느끼는 감정도 이야기 나누고, 부모님과 아이 둘 다 힐링의 시간이 된다. 저절로 인성교육이 된다. 부모님이랑 묻고 생각하고 답하다 보면 창의력도 쑥쑥 자란다. 하루 15분 투자가 아이를 서서히 빛이 나는 아이로 변화시킨다. 이래서 15분은 마법의 시간이다.

작년에는 부모님과 아이들의 독서 습관을 길러주기 위하여 함께 노력했다. 매일 저녁 잠자기 전 책 한 권 읽어주기였다. 부모님들은 하루 15분 정도의 시간을 부담 없이 아이를 위하여 투자를 했다. 아버지도 책 읽어주기에 동참해 주었다. 이 시간을 마법의 시간으로 바꾸는 데 성공하는 부모들이 많이 탄생했다. 이런 아이들은 서서히 윤이 나는 아이들로 변해가는 것을 직접 볼 수 있었다.

세계적인 부자 빌 게이츠는 어떻게 탄생했을까? 바로 빌 게이츠가 잠들기 전 매일 습관적으로 책을 읽어 주었던 어머니가 있었기 때문이다. 어릴 때 어머니가 형성해 준 독서 습관으로 세계적인 독서광이 되었다. 훌륭한 사람이 되었고 아름다운 부자로 살아가고 있다. 지금도 빌 게이츠는 그렇게 바쁜 일과 중에도 하루 한 시간 정도의 독서시간을 확보하고 주말, 일요일에는 집중적으로 독서를 한다고 한다. 그는 앞으로도 더 반짝이는 삶을 살 것이다. 그가 엄청난 독서광이기 때문이다.

하루 15분, 이것만으로도 자녀에게는 충분히 마법의 시간이 될 수 있다. 이 시간을 꾸준히 지속하면 확실하게 독서 습관이 길러질 것이다. 독서 습관을 물려주는 일은 백만 불짜리 유산 상속보다 더 가치 있는 일이다. 비교할 수 없는 가치이다. 학원 시간 챙기는 것보다 매일 독서 시간 챙기는 것이 훨씬 더 중요하다. 이 시간은 쌓일수록 마법의 시간이 될 것이기 때문이다.

4) 책 읽는 부모가 책 읽는 자녀 만든다

너무나 많이 들어본 이야기, 너무나 뻔한 이야기다. 당신이 책을 읽지 않는 부모라면 불편한 진실일 것이다. 이런 이야기를 외면하고 싶을 것이다. '그냥 내 아이만 책 읽으면 되지, 이 나이에 어쩌라고?' 하는 사람도 있을 것이다. 하지만 어쩌겠는가? 언젠가는 마주쳐야 할 진실인 것을. 아이보고는 책 읽으라고 읽으라고 하면서 부모가 책을 싫어한다면 아이는 당연히 부모가 싫어하는 책을 싫어할 것이다. 부모가 행동으로 보여주는 것만큼 효과적인 방법은 없다. 부모가 책을 좋아하고 책 읽는 모습을 보여주면 자녀는 따라서 그냥 책을 좋아하게 될 것이다. 이것 또한 일석이조 이지 않은가!

나도 몇 년 전까지만 해도 책을 전혀 좋아하는 사람이 아니었다. 우연한 기

회에 독서토론을 접하고 난 후 책이 좋아지기 시작했고, 책의 중요성을 완전히 깨닫게 되었다. 지금은 어떤 일보다 우선하여 하는 일이 책 읽기이다. 물론 재미있고 행복한 시간이다.

내가 책의 중요성을 몰랐기 때문에 딸아이에게도 독서 습관을 길러주지 못했다. 이제는 책의 중요성에 대하여 너무나 잘 알고 있다. 책을 읽을수록 그 중요성이 뼈저리게 느껴진다.

생각이 바뀌고 나서도 책이 마냥 좋아지고 술술 읽혀진 게 절대 아니었다. 걸음마 배우듯이 한 걸음씩 나아가는 수밖에 없었다. 한 발짝 떼어놓고 넘어지고 또 그렇게 무수히 시도하다가 어느 날 자연스럽게 걷게 되듯이. 나의 독서 실력은 이제 그냥 자연스럽게 걸을 수 있는 정도이다. 이렇게만 되어도 어디인가? 전혀 한 발짝도 뗄 생각도 안하고 필요성도 못 느낀 45년 살아 온 세월에 비하면 얼마나 행운인가! 이렇게 하루하루 걸어가면 내가 원하는 목적지에 도착할 수 있을 것이다.

이렇게 책과 친해지고 책과 함께 사는 삶을 내 딸이 보고 있다. 앞으로도 내가 책과 함께 어떻게 성장하는지 보게 될 것이다. 내 딸도 처음엔 아무런 관심도 보이지 않았는데, 이제는 좋아하는 책을 권해 주기도 하고 왜 책을 읽어야 하는지 서로 이야기를 나누는 단계까지는 되었다. 이번 방학 때 딸에게 가니까 딸은 자기가 좋아하는 책을 읽고 있었다. 자기가 읽은 책에 대하여 나에게 이야기를 해 주기도 했다. 그렇게 서서히 책과 친해지면 되는 것이다. 내 딸의 독서 실력은 이제 막 걸음마 단계이다. 엄마인 난 마흔다섯 살 이후에 걸음마를 시작했다. 그래도 전혀 늦었다고 생각하지 않는다. 내 딸도 엄마처럼 한 발짝씩 걸음마를 배울 것이고 자연스럽게 걷게 될 날도 올 것이다. 그리고 책과 함께 쑥쑥 성장할 것이다.

내 딸도 엄마처럼 책을 좋아하는 삶을 살게 될 것이라고 자부한다. 부모인 내가 책을 좋아하며 살아가는 삶을 보여줄 것이니까. 책과 함께 평생 성장하며 행복하게 나이 들어가는 모습을 보여줄 테니까. 그런 엄마 모습을 평생 보며 살아갈 나의 딸이니까.

자녀를 똑똑하게 키우고 싶은가?
인성이 고운 아이로 키우고 싶은가?
꿈을 꾸며 자라게 하고 싶은가?
행복한 달인이 되게 하고 싶은가?

이 모두를 한꺼번에 해결할 수 있는 단 한 가지 비법이 있다. 독서 습관을 상속하라. 백만 불짜리 유산 상속 대신에.

황금채굴꾼의
마인드로
세팅하자

"황금채굴꾼이 0.028g의 금을 얻기 위해서는 자그마치 수십 톤 분량의 흙을 퍼내야 합니다. 하지만 황금채굴꾼은 금 찾기를 방해하는 그 막대한 분량의 흙 때문에 힘들어하지 않는다는 겁니다. 오히려 흙이 많으면 많을수록 즐거워한다는 거죠! 그의 생각은 흙이 아닌 금에 집중되어 있기 때문입니다. 그의 두 눈은 막대한 분량의 흙을 보는 것이 아니라 흙 속에 파묻힌 금을 보기 때문입니다."

– 『당신의 아이는 원래 천재다』 이지성

당신의 자녀는 어떤 황금을 가지고 태어났는가? 그 황금을 발견하였는가? 당신은 어떤 역할을 했는가?

왜 강점에 집중해야 하는가?

사람은 누구나 한 가지 또는 그 이상 특출 나게 잘하는 것(황금)을 가지고 태어난다고 한다. 이것을 Gardner는 다중지능이론으로 설명하고 있다. 그는 인간의 재능은 여덟 가지 지능의 조합으로 발현되며 개인마다 가지는 특별한 지능을 강점이라고 설명했다. 문용린 교수는 그 사람 고유의 그림(프로파일)이 들어있다고 했는데, 강점과 같은 의미이다. 김미경 강사는 사람마다 자신의 '능력상자'를 가지고 태어난다고 했는데, 여기서 말하는 '능력상자'도 강점의 의미이다.

최근 대두된 긍정심리학에서는 인간의 부족한 면보다는 강점에 초점을 맞추고 있다. 부족한 것을 보충하는 데 에너지를 쓰는 것보다는 잘하는 것을 개발하고 발전시키는 데 에너지를 쓰는 것이 그 사람의 능력을 훨씬 더 발휘할 수 있다고 설명한다. 그리고 '강점을 발견하고 그것을 발휘하며 사는 것이야말로 진정한 행복의 핵심'이라고 주장하고 있다. 자신이 잘할 수 있는 일을 통해 즐거움과 성취의 보람을 느끼는 것이야말로 진정 행복한 삶이라고 말한다.

당신도 이러한 주장에 동의하는가? 당신은 지금까지 어떻게 살아왔는가? 당신이 잘하는 것을 개발하고 발휘하며 살아왔는가? 잘 못하는 것을 잘하려고 애쓰며 살아왔는가?

당신은 부모로서 자녀의 강점에 집중하였는가? 단점에 집중하여 그 단점을 메우기 위하여 노력하였는가? 어떤 것이 더 효과적이라고 생각하는가?

리브스의 '동물학교 이야기'는 약점에 치중하는 우리의 교육 현실에 대하여 경고를 하는 내용 같다.

옛날에 동물들이 모여서 회의를 했다. 그들은 다가오는 새로운 세상의 문제들에 대처할 수 있는 어떤 기념비적인 일을 시작해야만 한다고 결론을 내렸다. 그래서 그들은 학교를 만들기로 했다. 그들은 달리기, 나무 오르기, 날기, 헤엄치기 등으로 구성된 교과 과목들을 만들었다. 편리한 교육 일정의 진행을 위해 모든 동물들이 예외 없이 전 과목을 공부해야만 했다.

오리는 수영 과목에서 눈부신 실력을 발휘했다. 사실 가르치는 지도교사보다 오리가 훨씬 뛰어났다. 그러나 오리는 날기 과목에서는 겨우 낙제점을 면했으며, 달리기 과목은 더 형편없었다. 달리기 점수가 너무 낮았기 때문에 오리는 방과 후에 남아서 더 배웠으며, 달리기 연습을 위해서 수영 과목은 포기해야만 했다. 오리는 달리기 연습을 너무 많이 한 나머지 수영조차 겨우 평균 점수밖에 얻을 수 없었다. 그러나 학교에서는 평균 점수만 받아도 통과되었기 때문에 오리를 제외하고는 아무도 그 문제에 대해서 걱정하지 않았다.

토끼는 달리기 과목에서 선두를 차지하며 당당하게 학교 수업을 시작했다. 그러나 수영 과목의 기초를 배우느라 너무 많이 물속에 들어간 나머지 신경 쇠약증에 걸리고 말았다.

다람쥐는 나무 오르기 과목에선 따를 자가 없었다. 그러나 날기 과목에서 교사가 땅바닥에서부터 시작하지 않고 나무 꼭대기에서부터 날기를 시키는 바람에 다람쥐는 좌절감만 커져갔다. 또한 무리한 날기 연습 때문에 근육에 자주 쥐가 났으며, 그 결과 나무 오르기 과목에선 미, 달리기 과목에선 양을 받았다.

독수리는 문제아였다. 그래서 혹독한 훈련을 받아야 했다. 나무 오르기 과목에서 그는 꼭대기까지 올라가게 해달라고 주장했지만 그 주장은 끝내 받아들여지지 않았다.

결과는 어떻게 되었을까? 학년이 끝날 무렵, 수영도 잘하고 달리기와 오르기도 조금 하며 날기까지 약간 할 줄 아는(몇 센티미터 점프하는 수준) 비정상적인 뱀장어가 골고루 가장 높은 점수를 받아 학기 말에 성적우수상을 받았다고 한다.

우리의 교육 현실이 이렇다. 모든 것을 어중간하게 잘하면 되는 교육이다. 내 아이를 서서히 비정상적인 뱀장어로 자라도록 이끌고 있다. 학교 울타리 안에서는 이것저것 어중간하게 잘하는 뱀장어가 비정상이 아닐지도 모른다. 하지만 사회에 나와서는 이것저것 어중간하게 잘하던 뱀장어는 아무것도 못하는 어리바리 뱀장어가 된다.

당신의 자녀는 어떤가? 어리바리 뱀장어가 되어가고 있는 것은 아닌가? 앞으로도 자녀가 못하는 것을 보완하느라 에너지를

다 소진하게 할 것인가? 그렇게 노력해도 결국에는 어리바리 뱀장어밖에 되지 않는데 그 방법을 계속 고수할 생각인가?

성공적인 삶을 살아가는 사람들은 자신의 강점에 집중하여 그것을 발전시킨 사람들이다.

워런 버핏은 자신의 강점이 무엇인지 정확하게 알았고, 그것을 적극적으로 활용하였기 때문에 언제나 즐겁게 일에 몰두할 수 있었다. 그 결과 세계 일류의 투자자가 되었다.

반기문은 어릴 때부터 자신 있고 잘했던 영어로 유엔 사무총장 자리까지 갈 수 있었고, 우리나라 청소년들이 가장 존경하는 인물로 뽑혔으며 세계적으로도 유명한 사람이 되었다.

EBS 다큐프라임(아이의 사생활, 4부-다중지능)에서는 직업에서 크게 성공한 사람을 대상으로 조사를 한 내용이 소개된다. 이들 모두 자신의 강점이 직업에서 잘 발휘된 사람들이었다. 패션디자이너 이상봉이 그랬다. 가수 윤하도 발레리나 박세은도 마찬가지였다. 외과의사 송명근도 자신의 강점과 직업이 잘 맞았으며 그 방면에서 크게 성공할 수 있었다. 반면, 직업에 불만족스러운 사람들을 조사해 보았더니 강점과 직업이 전혀 맞지 않는 경우였다.

미국의 한 연구기관에서 아이비리그를 졸업한 1,500명을 대상으로 20년 후 그들이 어떻게 살고 있는지를 추적해 보았다.

그중 101명이 백만장자가 되었는데, 이들이 백만장자가 된 데는 아주 중요한 원인이 있었다. 101명 중 100명은 좋아하는 일을 직업으로 선택했고, 돈을 목적으로 직업을 선택한 사람은 단 1명 뿐이었다. 좋아하는 일을 하니 탁월하게 잘할 수 있었을 것이다. 돈은 자연스럽게 따라오는 것이다.

당신은 자녀에게 어떻게 하고 있는가? 자녀의 강점에 집중하는가? 약점이 자꾸 신경이 쓰이는가? 강점은 전혀 보지도 않고 약점을 메우느라 온 에너지를 쓰고 있는 건 아닌가? 더 솔직히 말해 보자. 당신의 자녀가 지금 다니고 있는 학원은 강점을 키워주기 위한 곳인가? 약점을 보완하기 위한 곳인가?

자녀를 어리바리 뱀장어로 만들고 있지는 않는가? 이제는 시각을 바꾸어야 한다. 약점을 보완하는 데 집중되었던 모든 관심을 끊어야 한다. 강점을 찾아내고 발전시키는 데 온 에너지를 쏟아부어야 한다.

"인생의 비극은 우리가 재능을 타고나지 못한 데 있는 것이 아니라, 가지고 있는 강점을 충분히 활용하지 못한 데서 오는 것이다."
– 벤자민 프랭클린

어떻게 강점을 살려줄 수 있을까?

당신의 자녀에게서 어떤 강점이 보이는가? 혹시 아직도 못 찾았는가? 어떻게 하면 자녀의 강점을 발견할 수 있을까? 그 강점을 어떻게 살려줄 수 있을까? 강점을 발견하고 발휘하며 행복한 삶을 살 수 있도록 어떻게 도와줄 수 있을까?

1) 좋은 점만 클릭하자 - 황금채굴꾼의 마음으로

"아이에게 무엇이 결여되어 있는지를 보지 말고 무엇이 있는지를 보라. 그러면 아이는 변할 것이다."

– 대럴드 트레퍼드

"인간은 보이는 대로 대접하면 결국 그보다 못한 사람을 만들지만, 잠재력대로 대접하면 그보다 큰 사람이 된다."

– 괴테

내 딸은 엄마를 닮아 수학을 너무 못했다. 초등학교 때부터 수학 점수가 유독 나빴다. 중학교 가서는 첫 시험에서 반에서 21등을 했다. 수학 성적 때문이었다. 딸아이랑 다음 시험을 위한 이야기를 나눈 후 이런 결정을 했다.

"딸아, 21등과 19등은 시험문제 하나 더 맞는 것일 수도 있다. 수학은 네가 힘들어하니까 네가 좀 더 자신 있는 국어 한 문제만 더 맞도록 노력해 보자."

그 다음 시험에서 딸은 국어 문제를 몇 개나 더 맞혔다. 그리고 14등 정도를 거뜬히 할 수 있었다. 그때 못하는 수학에 초점을 맞추었더라면 어땠을까? 잘하고 있던 국어조차도 놓치지 않았을까? 그때는 강점이 무엇인지도 몰랐다. 강점에 집중해야 더 잘할 수 있는지도 물론 몰랐다. 수학을 너무 못하는 내 딸아이를 건질 수 있는 방법이 수학 공부는 아닌 것 같았다. 더 잘하는 국어에 답이 있는 것 같았다. 그래서 국어 공부를 더 열심히 했다. 다행히 그 방법이 맞아떨어졌다. 지금 생각해 보니 강점에 집중한 공부였기 때문이었다.

자녀가 지금 잘하고 있는 것은 무엇인가? 마음에 안 드는 부분은 무엇인가? 어느 것이 눈에 잘 들어오는가? 자녀를 더 나은 모습으로 만들고 싶으면 무조건 잘하는 점만 보면 된다. 자꾸 못하는 것이 신경이 쓰여도 무조건 눈감고 통과해 버려라. 대신, 좋은 점이 보이면 즉시 클릭하자. 좋은 점은 절대 놓치면 안 된다. 좋은 점이 안 좋은 점을 희석시켜 버릴 것이다.

'맑은 물 실험'이 있다. 맑은 물에 잉크 한 방울을 떨어뜨리면 어떻게 되는가? 금방 흐린 물이 된다. 이 흐린 물을 어떻게 하면 맑은 물로 만들 수 있을까? 맑은 물을 자꾸 부으면 된다. 처음에는 표시가 나지 않는다. 그런데 자꾸 부으면 언젠가는 맑은 물이 된다.

잉크 한 방울로 흐려진 흐린 물만 보이는가? 흐린 물속에 있는 맑은 물이 보이지 않는가? 언젠가는 맑은 물이 될 것이 예상되지 않는가? 황금채굴꾼의 마음으로 보아야 보인다. 황금채굴꾼은 흙덩이에 신경 쓰지 않는다. 흙덩이를 오히려 고마워한다. 그 속에 황금이 있다는 걸 믿기 때문이다. 황금도, 맑은 물도 황금채굴꾼의 눈에는 다 보인다. 황금채굴꾼의 마음으로 보아야 보인다. 빨리 황금채굴꾼의 마인드로 세팅하라.

2) 스스로 선택하게 하자 – 불행한 짝짓기가 되지 않도록

자녀가 하는 일에 대하여 얼마만큼 선택권을 주고 있는가? 초등학교 때부터 부모가 원하는 학원만 다니게 하는가? 자녀가 가고 싶은 학원에 보냈는가? 자녀가 마음에 들어하는 고등학교를 보냈는가? 부모의 계획대로, 부모가 정한 고등학교를 보냈는가? 대학은 또 어떻게 할 생각인가? 부모가 자녀의 학과, 전공까지 정해 줄 것인가? 자녀가 하고 싶은 공부를 하도록 할 것인가?

자녀의 삶인데, 자꾸 부모가 선택권을 쥐려고 하지는 않는가? 자녀가 좋아하는 일을 해 볼 기회를 주어야 하지 않는가? 악기 해 보고 싶다고 해도 "안 된다." 운동하고 싶다고 해도 "안 된다." 도대체 당신이 자녀에게 하라고 할 일은 무엇인가? 안 해 보고 잘하는 일인지 어떻게 알 수 있는가? 그래 놓고 "너는 어째 한 가지도 똑 부러지게 잘하는 게 없냐?" 하고 나무랄 수 있는가?

왜 자꾸 자녀의 삶을 대신 살아주려고 하는가? 왜 부모가 마음대로 선택해서 자녀에게 하라고 강요하는가? 저 좋아서 하는 일이어야 하지 않는가? 스스로 선택한 일이어야 하지 않는가? 그래야 힘든 것도 잘 견딘다. 하지 말라고 뜯어말려도 자꾸 한다. 즐거우니까 자꾸 하게 된다. 그 일을 하면 행복하니까 쉽게 포기하지도 않는다. 좋아서 선택한 일이면 실패해도 다시 일어선다. 누구도 원망하지 않는다. 결국에는 그 일에서 성공한다.

자꾸 자녀의 삶에 끼어들면 어떤 현상이 벌어질까? 성인을 대상으로 직업과 적성과의 관계에 대하여 설문조사를 한 것이 있다. 그 결과를 보면, "직업이 마음에 안 든다."라고 응답한 비율이 51%나 되었다. 그리고 "직업을 바꾸고 싶다."라고 응답한 비율은 조금 더 높은 54%로 조사되었다. 둘 중 한 명 또는 그 이상은 직업을 바꾸고 싶다는 것이다. 어쩔 수 없어서 다닌다는 말이다. 얼마나 불행한 일인가. 전공이나 대학을 선택할 때도 부모가 원해서 갔다는 응답이 많았다. 대학 진학을 앞두고 부모와 갈등을 빚는 사례는 지금도 흔히 볼 수 있는 일이다.

왜 자녀에게 자꾸 불행한 짝짓기를 해 주고 있는가? 자녀를 완전히 무시하고 당신 마음대로 그렇게 하는 건가? 자녀가 앞으로도 더 불행해지기를 원하는가? 자녀에게 어떤 원망을 듣고 싶은가? 이제까지만으로도 충분했다. 이제 자녀 스스로 선택하도록 내버려 두어라. 더 이상 불행한 짝짓기를 대신 해 주려고 애쓰지 말자. 당신에게 누군가의 삶을 대신 살라고 강요하면 어떻겠는가? 헛된 삶인데 하루라도 더 살고 싶겠는가? 이제는 자녀에게 삶의 선택권을 넘겨주어라.

3) 믿고 기다리자 – 능력 상자를 자신이 직접 따도록

모든 자녀는 자신의 능력 상자를 가지고 태어난다. 이 능력 상자의 주인은 바로 자녀다. 주인이 이 상자를 채워야 하고 주인이 따야 한다. 부모는 그냥 도우면 된다. 어떻게 하는 것이 돕는 것인가?

믿고 기다리자. 무조건. 아직 자녀는 준비도 안 되었는데, 자꾸 따보고 싶어서 안달을 하지 말자. 무조건 앞에서 끌어당기지도 말자. 억지로 끌어당기면 자녀는 넘어진다. 넘어져서 일어나지 못한다. 억지로 일으켜 세워도 소용이 없다. 부모가 또 넘어지게 할 것이기 때문이다. 부모는 자신이 자녀를 자꾸 넘어지게 한다는 것을 눈치채지 못한다. 도와주는데 왜 자꾸 넘어지느냐고 추궁만 한다. 부모의 추궁에 자꾸 주눅이 들어서 서서히 일어나지 못하는 아이가 된다.

믿고 기다린다는 것은 실패를 기꺼이 허락한다는 뜻이다. 충분히 실패하도록 내버려 둔다는 것이다. 실패에서 배우도록 기다려 준다는 것이다. 자신이 선택한 일이면 실패도 기꺼이 감당한다고 하지 않았는가. 실패가 능력 상자를 채우는 내용물이라는 것을 잊지 말자. 당장은 능력 상자에 아무것도 채우지 못하는 것 같아 불안할 것이다. 나중에는 이 모든 실패들이 쌓여서 한 방에 능력 상자가 가득 채워질 것이다.

그때까지 기다려라. 기다리고 또 기다려라. 부모가 할 일은 믿고 기다리는 일뿐이다. 늦가을 서리 내릴 때 피는 국화를 이른 가을부터 피라고 재촉하지 말자. 늦가을 될 때까지 기다려 주자. 너무 일찍 피면 어떻게 되겠는가? 조금 피는 것 같다가는 피지도 못하고 금방 시들어 버릴 것이다. 그러면 국화는 끝이다. 다시 필 기회는 오지 않는다. 자녀도 자신만의 계절이 있을 것이다. 자신의 계절에 만개하도록 믿고 기다리자.

과하게 응원하자. 빨리 성과가 나오는 자녀도 있을 것이고, 눈에 보이지 않을 정도로 천천히 한 발짝씩 나아가는 자녀도 있을 것이다. 자녀에 맞게, 상황에 맞게 응원해 주자. 그것도 과하게 응원해 주자. 한 발짝 나아간 것을 빨리 알아차리자. 이때는 즉시 칭찬해 주자. 실패할 때는 더 좋은 기회다. 이때는 위로하고

177

격려해 주자. 사심 없이 응원하자. 자녀의 존재 자체만으로도 이미 부모에게는 보석이라고 말해 주자.

이렇게 믿어주고 응원해 줄 때 자녀는 마음 놓고 자신의 능력 상자를 차곡차곡 채워갈 것이다. 이렇게 차곡차곡 스스로의 힘으로 능력 상자를 채웠을 때 자녀도 열어보고 싶을 것이다. 스스로의 힘으로 자연스럽게 그 상자를 딸 수 있을 것이다.

스스로의 힘으로 그 능력 상자를 딸 때까지 기다리자. 스스로 열었을 때 크게 박수쳐 주자. 더 큰 능력 상자를 채워 나갈 수 있도록 계속 믿고 응원하고 격려하자. 이것만이 부모의 할 일이다. 부모가 자녀의 능력 상자를 따버리는 엄청난 실수를 절대 하지 말자. 자녀에게 절대 해서는 안 될 일이다. 자녀의 인생을 망치는 일이다. 인생을 망친 자녀를 보고 당신은 마음 편할까? 당신이 그 주범인데…….

긍정적
인생대본
작가가
되자

"왜 이렇게 늦잠 자니?"

"누구 닮아서 이렇게 게으른지 모르겠네."

오늘 아침 자녀를 이렇게 깨우진 않았는가?

"너 만날 하는 게 그 모양이야?"

"커서 뭐 되려고 그래, 뻔하다 뻔해!"

사춘기 자녀를 둔 가정이라면 이런 말 정도는 예사라고 말할 참인가? 방금 당신이 한 그 말 때문에 지금 당신의 자녀가 그 모양이다. 뻔하다고 말했기 때문에 뻔한 행동을 일삼는 것이다. 계속 이렇게 말하면 앞으로 당신의 자녀는 그 모양으로밖에 될 수 없거나 뻔한 인생밖에 될 수밖에 없다. 어쩌면 갈수록 더 나빠질 것이다. 당신이 자녀에게 써 준 인생대본 때문이다. 그 이야기를 해 볼까 한다.

작가가 되는 상상을 한 번이라도 해 본 적이 있는가? 그것도 사랑하는 내 자녀의 인생대본을 쓰는 작가 말이다. 이 인생대본에는 이런 한 가지 법칙도 있다. 부모가 써 주는 대본대로 자녀가 그렇게 살게 되는 거다. '지니의 요술램프'도 아니고 '열려라 참깨'도 아니고 무슨 이런 법칙이 다 있단 말인가?

생각만 해도 너무 설레는 일인가? 아니면 두려운가? 솔직히 말하면, 처음부터 끝까지 설레기만 하는 일인가? 많이 긴장되는 일은 아닌가? 부모가 쓰는 대본대로 자녀가 살게 된다니 이 얼마나 책임이 무거운 일인가. 부모인 내가 혹시라도 잘못 쓰면 내 자녀의 삶도 망치게 되는데 이 일을 어쩐란 말인가?

이유야 어떻든 당신이 부모가 된 이상, 자녀의 인생대본 작가가 되어야 한다. 이 길에서 벗어날 수는 없다. 그렇다면 어떤 작가가 되고 싶은지는 고민해 보아야 하지 않을까? 어떤 내용으로 대본을 쓸 것인지도 생각해 보아야 하지 않은가? 내 자녀의 미래가 걸린 문제인데, 내 자녀의 행복이 걸린 문제인데.

우리 주위에는 부모가 써 준 인생대본 때문에 망했다는 사람도 있고, 잘되었다는 사람도 만나게 된다. 당신은 혹시 흉악범 신창원과 같은 이름을 가진 박사 출신 표창원을 알고 있는가? 어린 시절 자라온 환경이 너무 비슷했다고 표창원이 방송에 나와서 말한 적이 있다. 왜 한 사람은 경찰이 되고 다른 사람은 범죄자가 되었단 말인가? 이 두 사람을 전혀 다른 길로 가게 한 원인은 무엇이었을까?

♥
가짜부모 진짜부모

학교 다닐 때 회비를 안 가져온 신창원에게 선생님이 욕을 했다고 한다. 신창원은 처음으로 마음속에 악마가 생겼다고 말한다. 그의 아버지도 지나치게 엄격했다. 아들이 물건을 훔쳤을 때 직접 경찰서에 끌고 가서 소년원에 집어넣었단다. 아버지가 아들에게 소년원 딱지를 붙여준 셈이다.

　표창원도 늘 싸우는 부모 밑에서 자랐고 자신도 싸움꾼이었다고 말한다. 하지만 표 교수는 자신에게 관심을 가져주는 많은 사람들이 주위에 있었다고 한다. 같은 환경이지만 전혀 다른 삶을 살게 한 것은 바로 어른들 때문이었다. 어른들이 써 준 인생대본 때문이다.

　부모가 써 준 긍정적 인생대본 덕분에 훌륭하게 자란 사람들의 이야기도 많이 있다. 특히 세계적인 위인들을 길러낸 어머니의 자녀에 대한 믿음은 가히 종교적이다.

　안데르센의 어머니가 대표적인 예이다. 안데르센은 수십 년을 무명작가로 보낸 뒤 유명해진 사람이다. 처음 작품을 완성하고 주변 사람들에게 보여주었을 때 "이게 글이냐?"라는 혹평을 받았다고 한다. 좌절한 안데르센이 눈물을 펑펑 쏟으며 집으로 돌아왔을 때 안데르센의 어머니가 아들에게 한달음에 달려갔다. 그리고는 "안데르센아, 절대로 포기하지 마라. 엄마가 네 작품을 읽어보니 위대한 작가의 소질이 분명히 보이더구나. 그러니까 끝까지 시도해라. 넌 반드시 세계적인 작가가 될 거야."라고

말했다고 한다. 엄마의 긍정적인 인생대본대로 안데르센은 훌륭한 동화작가가 되었다.

성악가를 꿈꾸는 소년이 있었다. 소년의 목소리를 들은 선생님은 "네 목소리는 마치 바람에 문이 덜컹거리는 소리 같구나. 아무래도 네게는 성악가가 맞지 않는 것 같다."라고 말씀하셨다. 하지만 엄마는 달랐다.

"너는 세상에서 가장 아름다운 목소리를 가지고 있단다. 그러니 열심히 노력하면 틀림없이 위대한 성악가가 될 거야. 엄마는 널 믿는다."

아들의 노래를 들을 때마다 어머니는 격려의 말을 아끼지 않았다. 어머니의 칭찬과 격려에 힘을 얻은 그는 밤낮을 가리지 않고 노력하였다. 세계 최고의 성악가가 된 카루소 얘기다.

아트스피치의 대표 김미경 강사는 다섯 살 때부터 엄마가 들려주는 자신의 태몽 이야기를 귀에 못이 박히도록 들으며 자랐다고 한다.

"8차선 고속도로에서 어떤 사람이 말을 덜거덕거리면서 달려가는데, 수만 명이 그 사람을 쫓아가는 거야. 그런데 하얀 말을 타고 가는 그 사람이 남자인지 여자인지 궁금해서 견딜 수가 있어야지. 확인하려고 극성스럽게 달려가서 말꼬리를 잡고 봤지.

그 사람은 여자였어. 그리고 너를 낳았단다."

김미경 강사의 엄마가 들려준 태몽 이야기다. 그런데 이 태몽이 다 뻥이었단다. 실제로는 너무나 평범한 태몽이었단다. 딸아이를 잘 키우고 싶은 마음에 엄마가 태몽을 만들었단다. 그리고 그 태몽을 끊임없이 들려주었단다. 이 사실을 마흔이 되어서야 알게 되었다고 한다. 그녀는 "엄마의 뻥 때문에 난 성공할 수밖에 없었다."라고 말했다.

뻥이면 어떤가? 자식 잘되기를 바라는 엄마의 진심이 깔린 뻥인데! 이런 뻥은 많이 칠수록 좋지 않을까? 이런 뻥이라도 쳐서 자식 잘 키워볼 생각을 한 김미경 강사의 엄마가 대단하지 않은가!

우리도 자녀의 인생대본을 쓰는 작가로 대성하려면 이보다 더 과장된 뻥이라도 쳐야 하지 않을까. 어차피 작가라는 직업이 과장과 뻥을 문장으로 표현하는 직업이 아닌가. 그 문장을 읽는 사람으로 하여금 감동을 주고 행동도 변화시키고, 삶까지 바꿔놓기도 하는 직업이 아닌가.

이러한 뻥은 이미 과학적으로도 증명이 되었다. 1964년 샌프란시스코의 한 초등학교에서 전교생을 대상으로 지능검사를 실시한 후, 그 결과에 상관없이 무작위로 한 반에서 20% 정도의 학생을 뽑았다. 그 학생들의 명단을 담임에게 주면서 "이 학생들은 지적 능력이나 학업 성취의 가능성이 높은 학생들입니다."라고 말했다고 한다. 8개월 후 다시 지능검사를 했다. 어떤 결과가 나왔겠는가? 이 명단에 속한 학생들의 평균점수가 다른 학생들보다 더 높게 나왔다. 그뿐만 아니라 성적도 크게 향상되었다.

왜 이런 결과가 나왔을까? 교사의 기대심리가 중요한 요인으로 작용했다. 교사는 가능성이 높은 학생들을 자연스럽게 격려하고 칭찬했을 것이다. 그러한 행동은 학생들에게 좋은 영향을 미쳐, 좋은 결과를 얻게 했다. 사람에 대한 기대심리가 결과에 좋은 영향을 미친다는 것을 입증한 것이다. 이런 효과를 로버트 로젠탈의 이름을 따서 '로젠탈 효과'라고 부른다.

비슷한 개념으로 피그말리온 효과라고 있다. 그리스 신화에 나오는 조각가 피그말리온의 이름을 따서 피그말리온 효과라고 부르는데, 두 이론 모두 타인의 기대와 관심으로 인해 높은 성과를 내는 현상을 뜻한다.

당신은 자녀에게 어떤 기대를 하면서 키우고 있는가? 그 기대가 자녀에게 잘 전달되고 있는가? 지금까지 당신은 자녀의 인생 대본을 어떻게 쓰고 있었는가?

긍정적 인생대본을 써 온 부모였는가? 당신은 아주 훌륭한 부모이다. 앞으로 더 좋은 인생대본 작가가 될 수 있다. 자녀가 더 멋진 인생을 살아갈 수 있게 인생대본을 수시로 점검만 하면 된다. 당신의 긍정적 뇌의 회로를 더 튼튼하게 강화시키면 된다. 어떤 실망에도 흔들리지 않고 끝까지 밀어붙일 힘 말이다. 무조건 긍정적 인생대본이어야 한다는 믿음 말이다. 앞으로도 당신의 자녀는 더 잘될 것이다. 당신이 긍정적 인생대본 작가인데,

♥
가짜부모 진짜부모

이보다 더 확실한 게 없지 않은가. 생각한 대로 말한 대로 된다고 하지 않았는가.

　요즘도 난 딸아이를 위한 인생대본을 꾸준히 써서 메일이나 카톡으로 보내고 있다. 누군가 나에게 딸아이의 인생대본을 너무 부풀렸다고 조금 수정하자고 건의한다면 그럴 의향이 전혀 없다. 앞으로는 더 과하게 쓸 것이고, 더 부풀려서 쓸 생각이다. 딸아이는 분명히 내 인생대본대로 멋진 어른이 될 거니까. 지금까지 그래왔던 것처럼.

　혹시 부정적 인생대본 작가였는가? 자녀에게 '실패할 놈'이라고 말한 적은 없는가? '싹이 노랗다'고 말한 적은? 실패할 거라고 했는데, 싹이 노랗다고 했는데도 아직 당신의 자녀는 이상 없는가? 천만다행이다. 더 늦기 전에, 당신 자녀의 삶을 망치기 전에 인생대본의 내용을 바꾸어야 한다. 당신의 자녀를 정말로 실패하게 할 생각이 아니라면, 망하게 할 생각이 아니라면 얼른 대본의 내용을 바꾸자.

　자녀에게 이런 말을 하는 엄마가 있었다.

　"너 때문에 못살겠다. 차라리 태어나지 않았으면 좋았을 것을."

　자녀가 너무 힘들게 하니까 어쩔 수 없이 나온 말이겠지만, 이 아이에게는 독약보다도 더 독이 되는 말이다. 이 아이가 어떻게 잘 자랄 수 있겠는가.

　"저는 없어져야 하는 아이예요. 쓸모없는 아이예요."

　말을 좀 안 들어서 조금만 꾸중을 해도 아이의 입에서는 이런 말이 튀어나온다. 그러면서 막 서럽게 운다. 부정적인 말을 자꾸 주입하다 보니 아이가 벌써 자신의 존재를 부정하고 있다. 엄마는 이 사실을 모르고 있다. 엄마가 써 준 인생대본 때문에 아이가 쓸모없는 짓을 하고 있다. 아이는 서서히 쓸모없는 아이가 되어갈 것이다. 인생대본은 이렇게 무서운 것이다.

올해 2학년 담임을 하고 있다. 교육과정에 '고운 말, 거친 말'이 나온다. 학생들에게 부모님에게서 들은 말 중 상처 입었거나 듣기 싫었던 말을 써 보라고 했다.

"바보야!", "넌 절대 이것 못해!", "차라리 네가 없는 게 나아!", "이 멍청아!", "너는 필요 없다!", "똑바로 해라. 그것도 못하냐?", "뭐 되려고 그래?", "제대로 좀 해라……."

부모가 자식에게 하는 부정적인 말은 상상 이상이었다. 이런 말을 한 부모는 대수롭지 않게 사용하는 말일 것이다. 하지만 자녀는 상처로 기억하고 있다. 이 상처가 쌓이고 쌓여 결국 자녀의 인생을 망치게 한다.

지금까지 부정적 인생대본을 써 온 부모라면 자꾸 걱정되지 않는가? 너무 오랫동안 부정적 인생대본을 써 왔기 때문에 분명히 걱정될 것이다. 일단 지금이라도 알아차린 게 얼마나 다행인가! 실수를 인정하고 다시 시작하면 된다. 당신이 어리석지 않다면 계속 부정적 인생대본을 쓰지는 않을 것이다. 일단 안심해도 된다. 빨리 긍정적 인생대본으로 바꿀 방법이 있다.

♥
가짜부모 진짜부모

우리의 뇌는 최소 3주만 지속되어도 새로운 뇌의 회로가 생성되고, 3개월을 계속하면 완전히 다른 새로운 뇌의 회로가 만들어진다고 한다. 아무리 부정적인 사람이라도 3개월만 긍정적인 생각을 하면 긍정적인 뇌 회로가 다시 만들어진다고 한다. 부정적인 생각이 긍정적인 생각으로 완전히 바뀌려면 3개월만 계속하면 된다. 그렇다고 3개월만 실천하고 다시 돌아갈 어리석은 부모는 없을 것이라고 믿는다.

빨리 긍정적 인생대본으로 바꾸고 3개월만 자녀에게 긍정적 인생대본을 들려주자. 그리고 앞으로는 계속 긍정적 인생대본 작가로 살아가자. 이것조차도 실천하지 못하겠다면 당신은 자녀의 인생대본을 쓸 자격이 없다. 더 이상 부모 되기를 포기해야 한다. 무늬만 부모면 뭐하는가? 아무런 노력도 하지 않겠다고 하면서. 자녀가 잘 되고 잘못되는 건 온전히 작가 당신의 몫이다. 당신 자녀의 삶이 당신의 붓 끝에 달려 있다.

삶의
연극무대에서
열연배우가
되자

등 떠밀려 나온 삶의 무대
이 나이 되도록
나의 연기는 아직도
서툴기만 하다.

남들은 나름대로
주연이다 조연이다
번쩍번쩍하는데

허구한 날 난 단역일 뿐
이럴 바엔 차라리
때려치우고도 싶지만
그게 또 그렇게는 안 된단다.

그래서 오늘도 난
대역이 허락되지 않는
삶의 무대에서, 계속
NG만 내고 있다.

♥
가짜부모 진짜부모

남재만의 '삶의 무대'란 시다. 이 시를 읽고 당신은 어떤 기분이 드는가? 등 떠밀려 사는 삶 같은가? 당신은 주연인가? 조연인가? 아직도 단역배우인가? 당신의 연기는 아직도 서툰가? 당장 때려치우고 싶은가? 이러지도 저러지도 못 하고 자꾸 NG만 내고 있는가? 우리는 각자 삶이라는 연극무대에 섰다. 삶이라는 연극무대의 배우다. 하루하루 자신의 연기를 하며 살아가고 있다. 이쯤에서 우리의 삶을 한번 점검해 보자. 내 삶의 연극 무대에서 열연배우로 살고 있는지? 열연배우로 살려면 무엇을 어떻게 챙겨야 하는지를?

 **내 인생 대본은 내가 쓴다**

영화나 드라마를 한번 보자. 좋은 영화, 좋은 드라마란 무엇을 말하는가? 내용이 좋아야 하는가? 배우가 좋아야 하는가? 둘 다인가? 좋은 스토리가 훌륭한 배우를 만날 때 대박을 치는 영화도 드라마도 탄생하는 경우가 많다. 우선되어야 하는 것은 물론 좋은 스토리다. 그 스토리를 구성하는 대본이다.

삶의 무대에서 당신이 연기할 대본은 누가 쓰는 것인가? 당신의 대본은 바로 당신이 써야 한다. 자녀의 인생대본을 부모가 써 준다고 했는데 당신의 인생대본 역시 당신이 써야 한다.

어떤 내용으로 구성하고 싶은가? 어떤 내용일 때 좋은 작품이라고 할 수 있는가? 앞에서 예습했으니까 이미 정답을 알고 있을 것이다. 당연히 긍정적 인생대본을 써야 한다. 왜 그렇다고 했는가? 인생대본의 법칙을 한번 떠올려보면 된다. 인생대본은 쓰기만 하면 쓴 내용 그대로 살아가게 된다고 하지 않았는가? 어떤 어리석은 사람이 자신의 삶을 부정적으로 만들고 싶은 사람이 있겠는가?

그런데 가만히 있어도 긍정적 인생대본이 써질까? 어떤 노력을 해야 긍정적 인생대본이 술술 나올까? 긍정적인 사람이 되어야 긍정적인 인생대본이 써질 것 아닌가? 긍정적인 사람이란, 자신의 삶을 긍정적으로 해석하는 사람이 아닐까? 삶의 어떤 상황 속에서도 나름의 의미와 배움을 발견하는 사람이 긍정적인 사람이다. 이러한 과정을 통하여 나날이 성장하는 사람이다. 성장의 흔적이 스토리에 고스란히 스며들어 있어야 한다. 이런 내용일 때 관중들은 감동한다. 당신은 감동적인 삶의 스토리를 쓰고 있는가?

인생은 생방송 – 이 순간에 미쳐라

다음은 연기 연습을 할 차례다. 일반적인 연극무대는 연습하고 또 연습해서 무대에 오른다. 그래도 잘될까 말까이다. 인생이라는 무대는 연습이 따로 없다. 365일, 24시간이 실제 공연이다. 연습이 실제고 실제가 연습이다. 연습도 안 되었는데 무조건 무대에 서라니까 기막힐 노릇인가? 그냥 무대 뒤로 숨고 싶은가? 삶의 연극무대는 꼭꼭 숨어도 다 보인다. 숨은 모습까지 모두 비춰주니 미칠 노릇이다. 어떻게 할 생각인가?

피할 수 없으면 즐기자. 어차피 인생이라는 연극무대에서 평생 배우로 살아야 할 것 아닌가? 일단 즐겨보자. 정민 선생도 '미쳐야(狂) 미친다(及)'고 하지 않았는가? 쉬지 않고 펼쳐지는 공연인데, 미치지 않고서는 어떻게 평생 연기하며 살 수 있겠는가? 어떻게 관객에게 감동을 주는 연기를 펼칠 수 있겠는가? 밋밋한 공연을 누가 끝까지 남아서 봐 주기나 할까? 모두 떠나고 혼자 텅 빈 공연장에서 나 홀로 연기를 하길 원하는가? 관객들이 열광하는 무대여야 하지 않는가? 그래야 당신도 신바람이 나서 더 잘하지 않겠는가? 오직 연기에 미치는 길밖에 없다. 다른 것을 생각할 겨를이 없다. 자신이 쓴 대본대로 열심히 공연을 펼쳐 보여야 한다.

마음먹기에 달렸다. 생각하기 나름이다. 재미없다고 생각하면 재미없다. 시시하다고 생각하면 시시하다. 매일 비슷하게 펼쳐지는 삶인데, 뭐가 재미있다고 말할 것인가? 그런데 재미가 뭐 별건가? 화들짝하고 깜짝 놀랄 이벤트가 있어야 재미인가? 월드컵 응원이라도 한판 벌여야 그게 재미인가? 사소하고 일상적인 것이 재미가 아닌가?

"행복은 종종 사소한 일에 관심을 기울일 때 생겨난다."

―Wilhelm Busch

사소한 것, 작은 것에서 재미를 발견하는 사람이 좋은 연기자다. 일상 속에 재미는 늘 존재한다. 아침밥을 지을 때 내 자식이 먹을 것 생각하면 콧노래가 절로 나오는 사람이 좋은 연기자다. 새벽운동 하면서 풀잎에 맺힌 이슬방울에 감동하는 사람은 분명히 좋은 연기자다. 책 속에서 좋은 문장 하나 발견하고는 감동을 주체 못해서 날뛰는 사람이 좋은 연기자다. 순간순간 작은 일에도 감동의 요소는 숨어있다. 일상에서 재미와 감동을 발견하는 사람만이 좋은 연기자가 될 수 있다. 당신은 삶에서 재미와 즐거움을 발견하는가? 그렇다면 분명히 좋은 연기자다.

지금 이 순간에 몰입하자. 인생은 생방송이지 않는가? 정신 바짝 차려야 할 것 아닌가? 지나간 것 후회할 겨를이 어디 있는가? 내일 무엇을 할지 생각할 시간은 또 어디 있는가? 이것저것에 마음 빼앗기는 건 에너지 낭비다. 지금 당장 펼쳐진 이것만 생각하면 된다. 무조건 지금 이 순간만 생각하자. 이 순간에 몰입하자. 이 순간을 위해 에너지를 쏟자. 그래야 집중이 된다. 집중이 될 때 연기도 잘 된다. 허투루 시간 낭비하지 말고 에너지 낭비하지 말고 지금 이 순간에 집중하자.

한 점 빛이 오목렌즈에 모여 종이를 태우듯이 오목렌즈처럼 살아 보자. 처음에는 그 한 점 빛으로 무엇 하겠는가 싶을 것이다. 계속 모으고 모으면 기어코 종이를 태우고 만다. 누구나 마음속에 한 점 빛, 에너지가 있다. 당신의 오목렌즈를 꺼내어서 그 한 점 빛에 갖다 대어보자. 그리고 종이를 태워보자. 삶의 열연배우가 되어보자. 당신의 삶을 불태우자.

배우 김명민의 연기를 보면 항상 진한 감동을 받는다. 하얀 거탑도, 베토벤 바이러스도 마찬가지였다. 장준혁으로 강마에로 변신하는 모습을 보면서 '몰입하여 연기하는 게 저런 거구나.' 하는 것을 느꼈다. 영화 〈내 사랑 내 곁에〉에서 20kg을 감량하고 종우 역을 연기할 때는 감동을 넘어서서 존경심까지 들었다. 어떻게 저토록 자신의 일에 철저하게 몰입할 수 있을까? 배우로서 정말 아름답다고 생각했다. 부럽기까지 했다. 나도 저런 에너지로 살아가고 싶었다. 완전 몰입하는 삶을 살아보고 싶었다.

몰입하면 행복해진다. 몰입을 경험해 본 사람은 행복이 무엇인지 안다. 행복할 때 나오는 화학물질이 뇌에서 나온다. 뇌는 행복했던 느낌을 그대로 기억하고 있다. 그래서 또 하고 싶어 한다. 몰입을 해 본 사람들은 몰입을 더 잘하게 된다. 더 몰입해서 일하고 싶어 한다. 더 행복하게 일하고 싶어 한다. 행복하게 일하니까 더 능률이 오른다. 행복하면 뇌가 더 잘 활동을 하니까. 몰입 경험으로 뇌를 마비시키자. 더 행복하게 삶의 무대에서 연기를 펼쳐보이자.

NG는 필수다

삶의 무대에서 NG는 필수다. 연습 없이 하는 공연인데 한 번에 되면 그게 비정상 아닌가? 열 번이고 스무 번이고 NG를 내라. 다시 하고 또다시 해도 된다. 언젠가는 좋은 연기를 펼치는 날이 올 것이다. 잘 못한다고 절대 숨지는 말아라. 당당하게 틀리는 것이 더 보기 좋다. 처음엔 모두가 다 잘 못한다. 미안하다고 정중히 사과하고 다시 도전하는 것이 더 아름답다. 잘 못하면서 잘하는 척하면 얼마 안 가서 모든 게 탄로 난다.

엑스트라 시절은 NG를 견디는 기간이다. 견디는 만큼 연기가 는다. 누구나 엑스트라 시기가 있다. 엑스트라 시기가 없는 사람도 있는가? 그렇다고 좋아할 일은 아니다. 언젠가는 당신도 견뎌야 할 시기가 올 것이다. 그때 견디려면 더 힘이 들 것이다. 기회가 왔을 때 당차게 버텨라. 당당히 맞서라. NG를 견딘 기간만큼 기회가 찾아온다. 세상에 공짜 점심은 없다. 노력한 만큼 견딘 만큼 내공이 쌓인다. 내공이 있는 배우를 감독은 선호한다. 내공이 있는 배우를 관객들도 알아본다. NG를 견딘 사람은 달라도 뭐가 다르다. NG를 절대 부끄러워하지 마라. 겁먹지 말고 다시 또 시도하면 된다. 언젠가는 OK 사인이 떨어질 것이다.

큰 NG가 명품배우를 만든다. 우리는 삶의 무대에서 연기 수업을 하고 있는 중이다. 감독이 수시로 NG를 외친다. 감독은 자꾸 당신에게만 NG를 외친다는 생각이 드는가? 다른 배우보다 더 심한 호통으로 당신을 단련시키는가? 그래서 억울하고 따지고 싶은가?

당신을 명품배우로 만들려는 감독의 뜻인지 모르겠는가? 당신의 자질을 감독이 알아보고 일부러 하는 행동인데 못 알아차리겠는가? 아무나 감독이 찜하지는 않는다. 명품배우의 자질이 보여야 투자한다. 당신을 명품배우로 찜했는데 따지고만 있을 것인가? 자꾸 불평만 하고 투덜거리면 다른 사람을 선택할지도 모른다. 명품배우가 될 기회를 영원히 잃게 될지도 모른다.

큰 NG는 더 큰 축복이라고 생각하자. 삶의 무대에서 명품배우만큼 축복받은 인생이 또 어디 있겠는가? 감독의 NG를 잘 견뎌내어야 한다.

"신은 선물을 주실 때 고통이라는 보자기에 싸서 주신다."라고 한다.

"지금의 고통은 머지않아 큰 기쁨을 주겠다는 삶의 눈물겨운 약속이다."라고 했다.

당신을 너무 사랑해서 더 큰 선물을 주고 싶은데, 선물을 받을 자격이 있는지 테스트하는 거다. 고통이라는 매듭을 풀 수 있는 능력이 있는지 시험하는 거다. 매듭을 풀 수 있는 사람에게만 선물을 주신단다. 당신이 그 선물을 받고 싶지 않은가?

예전에 나는 신의 사인을 전혀 알아차리지 못했다. 너무 큰 NG 앞에 그냥 두 손 두 발 다 들고 말았다. 5년이나 헤맸다. 신을 원망하느라 시간을 다 보냈다. 고통이라는 보자기에 선물이 들어있는 줄은 감쪽같이 몰랐다. 이제는 그때 내가 못 알아차리게 한 것조차 신의 축복임을 깨닫게 되었다. 나를 단련시켜서 내공이 쌓이게 해서 다른 사람들을 위해 나를 사용하려고 시련을 주셨다는 것을 알아차렸다. 이제는 그 어떤 큰 NG를 나에게 외친다 해도 얼른 알아차린다. 그 속에 축복이 있다는 것을. 선물이 있다는 것을. 나를 명품배우로 만들려는 신의 사인임을 알아차린다. 보자기의 매듭을 푸는 데만 집중한다. 반드시 그 보자기 안에 선물이 기다리고 있다는 것을 믿기 때문에.

 **부모는 연기선생이다**

자녀에게 연기 수업을 해주는 것을 허락 받았는가? 일주일에 몇 번씩 만나서 연기 수업을 하자고 정했는가? 아무런 허락도 없었지 않은가? 허락도 없이 자녀가 당신의 연기 수업을 듣고 있다. 어떻게 막을 방법이 없다. 부모이기를 포기하거나 자식을 버리지 않을 바에야 당신은 자녀의 연기 선생이다. 그것도 평생 연기 선생이다. 당신이 하는 대로 그대로 따라서 한다. 이것이 연기 수업 방식이다. 완전 도제교육이다. 어떻게 하라고 시킬

필요는 없다. 당신의 삶만 보여주면 되는 거다. 그대로 보고 배울 것이다. 당신의 자녀가 당신의 삶을 도제하고 있다.

자녀가 행복한 삶을 살기 원한다면 당신이 먼저 행복하게 사는 모습을 보여주면 된다. 자신의 삶도 사랑하지 않으면서, 부부끼리 만날 싸우면서, 직장에 나가기 싫어서 아침에 겨우 일어나면서 자녀에게는 행복하게 사는 게 이런 거라고 가르쳐도 소용이 없다. 부모가 자신의 삶을 사랑하는 모습을 먼저 보여주는 것이, 부부끼리 행복하게 사는 모습 보여주는 것이, 아침에 상쾌하게 일어나서 회사에 행복하게 가는 모습 보여주는 것이 더 빠르다.

시골의사 박경철은 집에서 빈둥빈둥 누워 지내는 모습을 자녀에게 한 번도 보여준 적이 없었다고 한다. 휴식이랑은 다른 개념의 빈둥빈둥을 말하는 거다. 자녀를 위한 본보기 교육을 철저하게 실천한 사람이다. 부모의 모델링이 이래서 무서운 것이다. 자녀가 항상 보고 있다는 사실이 제일 신경이 쓰인다.

이번 여름방학 동안 2년 만에 딸아이를 만나고 왔다. 10일 동안 딸아이와 함께 생활을 하고 왔다. 난 한국에서 생활하는 모습 그대로 살다가 왔다. 매일 운동하는 것도, 책을 열심히 읽는 것도, 원고 수정하는 것도, 집안 청소도, 살림하는 것도 딸에게 그대로 보여주었다.

딸이 이런다.

"나, 엄마 보고 많이 배웠어요. 나도 열심히 살 거야."

내가 무슨 의도를 가지고 그렇게 생활했던 것은 아니다. 그냥 내가 평소에 하던 대로 한 것이다. 딸은 엄마 배웅하고 가서 바로 이런 문자를 남겨 놓았다.

"엄마, 다음에 볼 때까지 우리 열심히 살다 또 만나서 서로의 삶에 대해 이야기하자."

나도 나를 위하여 내 삶을 하루하루 윤기 나게 열심히 살고 싶다. 그리고 사랑하는 내 딸이 나를 지켜보고 있으니까 더 이렇게 살고 싶은 것이다. 다음에 만날 때는 또 우리가 서로의 삶에 대하여 어떤 이야기를 나눌 수 있을지 벌써부터 기대가 된다.

"자녀는 부모의 뒷모습을 보고 자란다."

"자녀는 부모의 95% 이상을 닮는다."

부모 교육 갔다가 이 말을 들은 날 딸에게 전화를 했다.

"딸아, 오늘 부모 교육 갔더니 이런 소리를 하더라."

"엄마, 무슨 소린데?"

"자식은 부모의 95% 이상을 닮는다는데, 이왕이면 엄마의 좋은 점만 닮았으면 좋겠어."

잠깐 아무 소리가 없기에 잔뜩 긴장을 했다.

"엄마, 나 엄마 닮으면 대박이지!"

순간 팡파르가 울리는 기분이었다. 그동안의 내 노력이 헛되지 않았다는 생각이 들었다. 세상에 이런 찬사가 어디 있을까!

중요한 시기에 엄마의 보살핌의 부재에도 불구하고 잘 자라준 딸에게, 무엇보다 엄마 닮고 싶다고 말해주는 딸에게 너무 고마웠다. 최고의 찬사는 닮아가는 거라는데! 그야말로 내 삶이 대박이다. 자식은 항상 이렇게 후한 점수를 준다.

딸아이의 말이 사실이면 좋겠다는 기대를 하면서, 내친김에 딸아이의 행복도 검사를 해 보았다. 와우! 딸아이는 세상을 축제의 한판으로 생각하고 산단다! 행복도 검사에서도 최고의 점수가 나왔다. '그래, 이거구나. 이렇게 하면 되는 거구나!' 나도 이제는 다른 부모에게 해 주고 싶은 말이 생겼다. 내가 딸아이 키우면서 알게 된 것, 깨닫게 된 것 다른 부모님들에게도 나눠 주고 싶은 마음이 들었다. 그래서 부모 교육 강사가 되기로 마음먹었다. 지금은 즐겁게 부모님들을 만나고 있다. 내 딸이 해 준 이런 말 덕분이다.

당신은 자녀가 어떤 삶을 살아가면 좋겠는가? 명품배우로 명품인생을 살아가기를 바라는가? 행복도 최고인 아이로 키우고 싶은가? 당신이 삶의 무대에서 열연배우가 되면 된다. 당신의 삶과 뜨겁게 열애하며 살아가면 된다. 당신의 사는 모습 그대로 당신의 자녀도 그런 삶을 살아갈 것이다. 자녀의 연기 선생은 당신이 적임자다. 당신만큼 자녀를 잘 훈련시킬 연기 선생은 없다. 삶의 무대에서 당당하게 연기를 펼치며 살아가면 된다. 진짜 부모로 살려고 애쓰는 지금도 충분히 잘하고 있다.

이제 나는
평생진짜다

내 안에
진짜 부모
있다

다음은 진짜 부모가 된 엄마의 고백이다.

"선생님, 처음에 내 자식 잘 키워보고 싶어서 이 강의를 신청했습니다. 그런데 강의를 들으면서 자꾸 이런 생각이 듭니다. 자식을 잘 키우려 애쓰기 전에 내가 먼저 잘 성장하고 있는지 살피면 되는 거네요. 자식 챙기려고 애쓰기 전에 나를 먼저 챙기면 되는 거네요. 자식을 사랑하기 전에 내가 나를 사랑하고 있는지 챙기면 되네요."

"나를 사랑하는 법을 배웠습니다. 나를 챙기는 법을 배웠습니다. 그리고 이미 내가 괜찮은 엄마라는 것도 알았습니다. 이미 난 참 괜찮은 사람이라는 것도 알았습니다. 이런 괜찮은 나를 내가 몰라보았습니다. 내 안에 이미 괜찮은 내가 있다는 것을 알아차리지 못했습니다. 그래서 나를 너무 방치했습니다. 지금부터 나를 잘 챙기겠습니다."

그렇다. 이 엄마가 진짜 부모의 핵심을 말해 준 것이다. 이 장에서는 이런 이야기들을 해 볼 참이다. 이제 평생 진짜 부모 되어 살아가면 되는 것이다. 진짜 부모가 되기 위하여 사용할 수 있는 많은 기법들을 배운 상태다. 이것만 활용하면서 살아도 당신은 진짜 부모로 살 수 있다. 이왕 열심히 공부한 김에 조금만 더 나아가 보자. 어떤 상황이 와도 당신이 평생 진짜 부모로 살 수 있는 방법을 알면 좋지 않은가? 평생 진짜 부모로 살아가려면 어떻게 하면 될까?

 ## 당신 안에 이미 진짜 부모 있다

처음에 우리는 진짜 부모가 되기 위하여 이 책을 읽기 시작했다. 먼저 가짜 부모인 것을 알아차렸다. 그래서 가짜 부모를 벗어나는 법을 배웠다. 그 다음 진짜 부모 되는 법을 마스터했다. 이러한 내용을 공부해 오면서 당신이 혹시 느낀 게 없는가? 알아차린 게 무엇인가? 당신 안에 이미 진짜 부모가 있다는 사실을 눈치채지 못했는가? 이것만 알아차려도 충분하다.

왜 지금까지는 진짜 부모가 제 역할을 똑바로 하지 못했을까? 당신 때문이다. 당신이 늘 못한다고 스스로를 구박해서 그렇다. 안된다고 생각하니까 더 잘 안된 것이다. 결국에는 포기하려고 하지 않았는가? 그냥 가짜 부모로 돌아가서 살려고 할 때가 얼마나 많았는가?

그런 고비를 잘 넘기고 이제 당신은 진짜 부모로 돌아왔다. 아니, 당신 안에 이미 진짜 부모가 있었다는 것을 알아차리게 되었다. 예전처럼 구박하지만 않으면 된다. 대신 조금만 잘해도 칭찬해 주면 된다.

"역시 넌 잘할 수 있는 사람이야!"

"지금도 잘하고 있어."

"이것만 해도 충분해."

자신을 칭찬하고 부추겨 주면 된다. 그러면 신이 나서 더 잘하게 될 것이다.

예전의 가짜 부모가 고개를 내밀고 나오려고 하면 얼른 가짜 부모를 밀어 넣자. 마치 두더지 게임하듯이 말이다.

"너 들어가 있어!"

단호하게 말하고 내려쳐라. 그런 다음 지금의 진짜 부모를 다시 손잡고 데리고 나오면 된다. 처음에는 눈치 보면서 나오지 않으려고 할지도 모르겠다. 진짜 부모 된 당신을 믿고 편안한 마음으로 자연스럽게 걸어 나올 때까지 기다려 주면 된다.

이제는 조금 못해도 지적하지 말자. 조금만 잘해도 충분히 잘하고 있다고 말해주자. 조금 실수하는 건 괜찮다고 말해주자. 있는 그대로의 나를 인정해 주자. 잘하는 것도 잘 못하는 것도 모두 당신이 진짜 부모 되기 위한 노력임을 인정하자. 그리고 '잘 못하면 또 어때!' 이렇게 당신에게 관대해지면 된다. 못난 부분 잘난 부분 모두 당신임을 인정하면 된다. 그리고 토닥토닥 해주면 된다. 그래야 진짜 부모로 평생 살아가기 위한 힘을 얻는다. 진짜 부모는 노력하는 부모이지 완벽한 부모를 말하는 것이 아니다.

지금 막 당신이 진짜 부모 되었다고 자녀에게 어떤 가시적인 결과물이 보이지는 않을 것이다. 지금 진짜 부모 되었다고 자녀에게 바로 천지개벽이 일어나는 건 아니지 않는가! 당신의 변화된 마음, 말 한마디, 함께한 시간들이 모이고 있다. 그런 것들이 모이면서 서서히 변화가 진행되고 있다. 조급해하지 말고 불안해하지 말자. 진짜 부모가 할 일들만 끈기 있게 실천하자. 다시 말하는데, 진짜 부모는 노력하는 부모이지 완벽한 부모를 말하는 것이 아니다. 진짜 부모가 노력하는 것을 내 자녀가 보고 있다. 나머지는 내 자녀가 채워줄 것이다. 내가 포기하지 않고 진심을 다하여 노력하고 있으면 내 자녀가 어느 날 갑자기 다른 사람이 되어 당신 앞에 나타날 것이다. 이럴 때 돌아온 탕자처럼 가슴으로 안아 받아들이자. 그 자녀와 평생 진짜 부모 되어 살아갈 수 있는 기회가 열린 것이다.

심지어 자녀에게서 어떤 희망이 보이지 않을 때조차도 믿는 사람이 진짜 부모다. 믿을 게 있어서 믿는 게 아니다. 믿을 게 없어도 마지막까지 믿는 게 진짜 부모다. 고목나무에도 언젠가는 꽃이 필 수 있음을 믿는 사람이 진짜 부모다. 물 주고 가꾸어서 진짜 싹이 나고 꽃을 피울 수 있는 사람이 진짜 부모다. 내 자녀가 변할 때까지 믿고 기다릴 수 있음을 자신과 약속해라. 평생 진짜 부모 되어 살아갈 건데 뭐가 그리 조급하단 말인가.

PET 강사이면서 진짜 부모의 멘토라고 할 만한 분을 소개하고 싶다. 딸이 몇 년간 취직을 못 해서 고민이 많았다고 한다. 1차 시험은 합격하는데 2차 면접에서 자꾸 떨어지더란다. 딸만 보면 한심한 생각이 들고 불안해지고 자꾸 조급해지더란다. 딸도 이러는 엄마가 부담스러워 피하여 자기 방으로 숨어들고……

어느 날 문득 이래서는 안 되겠다 싶어 반성을 하고 이렇게 하기로 다짐했단다.

'그래, 딸이 취직을 했다고 생각하자. 취직을 해서 돈을 잘 버는 딸을 대하듯이 하자.'

'그래 결심했어!'

이렇게 마음을 바꿔먹고는 바로 실천했단다. 주말에 놀러간다고 하면 용돈까지 주면서 잘 놀다 오라고 했단다. 놀다가 온 딸을 회사 갔다가 온 딸 반기듯이 했단다. 이것저것 묻고 대화를 했단다. 빈둥빈둥 노는 딸이 자기 방에서 물을 떠 달라고 하면, 취직한 자식이 엄마에게 물 떠 달라고 하는 것처럼 지극정성으로 물을 떠다가 바쳤단다. 물컵 쟁반에 받쳐서 갖다 주면서 더 도와줄 게 없는지 묻기까지 했단다. 엄마는 명강사여서 매우 바쁜 사람인데도 불구하고 딸에게 이렇게 지극정성으로 대접했단다.

3년을 이렇게 했더니 딸이 서서히 변하기 시작하더란다. 면접에서 자꾸 떨어지던 딸아이가 어느 날 합격통지서를 엄마에게 내밀더란다. 자신을 그렇게 대우해 주어서 너무 고맙다는 말을 하더란다. 엄마 덕분에 합격할 수 있었다고 말하더란다.

엄마는 딸의 가능성을 100%로 믿고 실천했다. 딸의 가능성이 보여서 믿은 게 아니었다. 단 1%의 가능성이라도 믿고 인정해 주고 시작하는 게 진짜 부모의 마음이다. 1%의 가능성조차도 없을 때도 믿어주는 마음이 진짜 부모의 마음이다. 변화를 보일 때까지 10년이고 20년이고 기다릴 수 있는, 배포가 큰 사람이 진짜 부모다. 당신에게서 자녀가 언젠가는 희망의 싹을 틔울 수 있는 부모가 될 것임을 의심하지 말자.

"어떻게 그때까지 기다려! 난 그렇게까지는 못해!"

그렇게 염려 안 해도 된다. 자녀는 늘 부모만 변하기를 학수고대하며 기다리고 있으니까. 부모가 변하면 언제든지 변할 준비를 하고 있다. 당신만 진짜 부모로 살 각오를 하면 자녀는 금방 당신을 도와준다. 당신이 자녀를 포기하기 전에는 자녀도 당신을 절대 포기하지 않는다. 한 번도 진짜 부모로 산 적이 없어서 믿어지지가 않을 것이다. 나도 그랬으니까. 한번 실천해 보면 금방 확인이 가능하다. 이제 당신은 당신을 도와줄 준비가 된 자녀와 평생 진짜 부모 되어 행복하게 살 일만 남았다. 당신 안에 이미 진짜 부모가 있으니까.

 ## 자녀와 함께 성장하자

진짜 부모 되고 나니까 부모 된 것이 어쩐지 행복하지 않은가! 예전에 가짜 부모로 살 때는 왠지 억울하고 화가 나서 부모 된 것을 후회하고 원망하고 그랬는데 말이다. '무자식상팔자'라는 말이 진심으로 이해되고 그랬는데 말이다. 이렇게 차근차근 실천하고 살면 '유자식상팔자'가 될 것 같은 예감이 들지 않는가!

진짜 부모가 되어 자녀와 함께 성장해서 그렇다. 자녀만 성장 시킨 게 아니라 부모가 더 성장하는 기회가 되어서 그렇다. 자녀를 성장시킨 그 애씀이 바로 부모를 성장시킨 것이다. 진짜 부모가 되면 자녀와 함께 성장하는 것이 당연한 결과다. 왜냐하면 자녀와 소통이 잘되기 때문이다. 자녀와 소통이 잘되면 당연히 사이가 좋아진다. 갈수록 사이가 더 좋아질 것이다. 자녀와 사이가 좋다는 말은 부모가 자녀에게 미칠 수 있는 영향력이 크다는 의미다. 서로에게 좋은 영향을 미친다는 말이다. 이것이 바로 상호 성장이다.

내가 진짜 부모로 살아가게 되면서 처음에는 이런 생각을 했다. '그래, 내가 열심히 배워서 우리 딸에게 적용하니까 우리 딸이 잘 자라는구나. 우리 딸을 위해서 더 많이 배우고 실천해야겠다.'

엄마의 노력 덕분에 내 딸아이가 잘 자라는 줄 알았다. 친구 사이도 좋고 행복하게 자라는 게 내가 열심히 진짜 부모 되기 위한 노력을 해서 그렇다고 생각했다.

하지만 딸아이가 성장할수록, 내가 나이가 들어갈수록 내 딸 덕분에 엄마인 내가 더 많이 성장했음을 뒤늦게 깨닫게 되었다. 혼자 살았으면 나는 아마 어른 자폐아가 되었을 것이다. 딸아이를 잘 키우기 위한 공부를 하게 되고 딸아이에게 적용하면서 내가 먼저 행복해졌다. 내가 먼저 나를 더 사랑하고 있다는 것을 발견하게 되었다. 알고 보니 딸을 위해서 노력한 것들이 모두 나를 위한 것임을 알게 되었다. 그래서 지금도 난 딸아이에게 항상 고마워한다.

내 삶에서 딸아이가 없었다면 난 얼마나 덜 성숙한 사람이었을까? 삶에서 무엇을 배우고 깨달았을까? 얼마나 이기적이고 잘난 체하는 사람이었을까? 그러고도 나의 모습을 전혀 볼 줄도 모르는 눈먼 삶을 살지 않았을까? 그리고 지금쯤 어떤 생각으로 살아가고 있을까? 앞으로의 삶도 어떻게 바라보며 살아가고 있을까?

난 지금의 내가 참 좋다. 나를 끔찍이도 사랑한다. 다른 사람의 평가는 중요하지 않다. 매일 나를 내가 볼 것이고, 평생 나를 데리고 살 사람도 '나'이다. 내가 나에게 주는 점수가 중요하지 않은가! 지금 이만큼 깨달으며 살게 된 게 참 기특하다. 그리고 앞으로도 나를 더 뜨겁게 사랑할 것이고 나에게 열정을 불태울

것이다. 더 많이 나를 성장시킬 나 자신에게 기대된다. 나이가
들수록 더 설렌다. '마지막이 피날레다'라는 말을 참 좋아한다.
모두 딸아이 키우면서 터득한 지혜다. 딸아이 덕분에 내가 성장
해서 이런 기특한 생각도 하고 살게 되었다.

　내가 세상에 온 이유가 무엇일까? 나를 부모로 살게 한 이유
가 있지 않았을까? 나에게 특별한 고통을 주었고, 고통 속의 담
금질을 감당하게 한 신의 의도가 있지 않았을까? 신의 선한 의
도가 있지 않았을까? 나에게 먼저 진짜 부모 만들어서 세상의
힘들어하는 가짜 부모를 도우라는 신의 미션을 전달받은 건 아
닐까? 이런 깨달음까지 하게 되었다.
　가치 있는 나를 만들어서 베푸는 삶을 살고, 선한 영향력을 미
치는 사람이 되고 싶다. 긍정적인 삶을 극대화하는 삶을 살고
싶다. 내 딸이 내 삶에서 가장 나를 가치 있게 만든 사람이다.
나의 성장의 숨은 공로자는 내 딸이다.
　이제는 딸과 함께 성장의 배틀을 하기로 했다. 함께 성장하며
앞서거니 뒤서거니 할 것이다. 누가 이겨도 져도 행복한 경쟁이
다. 결국엔 이기는 게임이다. 진짜 부모로 살면서 딸과 함께 성
장하고 행복해 할 일만 남았다.

　이제는 당신이 바톤을 넘겨받았다. 당신도 이제 당신의 자녀
와 함께 평생 진짜 부모로 살아가게 될 것이다. 당신이 자녀에
게 진짜 부모가 되어 베풀수록 더 많이 돌아올 것이다. 당신이

1%만 변해도 자녀는 99% 변할 준비를 하고 있기 때문이다. 진
짜 부모로 살면서 평생 자녀와 함께 성장하길 응원한다.

211

행복
자동차의
베스트
드라이버

이번엔 질문으로 시작하려고 한다.

① 우리가 살아가는 이유는 무엇인가?

② 결혼을 하고 아이를 낳아 기르는 것을 선택한 이유는?

③ 꿈을 갖고 노력하는 이유는?

이 질문에 공통으로 답할 수 있는 단어는 무엇인가? '행복'이다. 행복하기 위해서 살아가고 있고, 결혼하고 아이를 낳아 기르고, 또 꿈을 갖고 노력하는 것이다. 다른 답을 한 사람도 고개는 끄덕일 수 있을 것이다. 아리스토텔레스는 "행복은 모든 행위와 선택의 최종목표이다."라고까지 했다. 우리는 평생 행복하기 위하여 노력하며 살아가는 것이다. 그것이 인생이다.

우리는 인생이라는 자동차의 운전자다. 진짜 부모가 된 당신은 '행복자동차'의 운전자가 되었다. 이제 행복자동차의 베스트 드라이버가 되면 된다. 그리고 평생 고용되면 된다. 왜 진짜 부모는 행복자동차를 몰아야 하는가? 어떻게 하면 행복자동차의 베스트 드라이버로 평생 고용될 수 있을까?

평생 진짜 부모로 살아갈 수 있는 방법을 배우는 두 번째 시간이다. 이번 시간에 가져갈 답은 '행복하기'이다. 진짜 부모로 살아가기 위하여 왜 행복해야 할까? 행복자동차를 몰게 된 당신이 왜 먼저 행복해야 할까? 지금쯤은 오랫동안 생각하지 않아도 바로 답을 말할 수 있을 것이다.

 **부모이기 때문이다**

그렇다. 부모이기 때문이다. 부모가 행복해야 자녀가 행복할 수 있다. 왜 부모가 행복해야 자녀가 행복한지는 뇌와 관련해서 살펴보아도 알 수 있다.

"최근 뇌 영상 연구에서 밝혀진 사실이다. 사람들이 자신에 대해 생각할 때와 엄마에 대해 생각할 때 활성화되는 뇌의 부위가 거의 정확하게 일치한다는 것이다. 뇌는 무의식적으로 엄마와 자신을 거의 동일시한다는 것이다. 우리의 뇌 깊은 곳에는 이 같은 기제가 자리 잡고 있다는 것이다."

— 『회복탄력성』, 김주환

"엄마는 나의 일부다. 엄마가 돌아가시면 우리의 일부가 사라진다. 만약 엄마가 무엇인가를 잘못했다면 내가 부끄러워진다. 만약 엄마가 모욕을 당한다면 마치 내가 모욕당한 것과 마찬가지로 느낀다."

— 윌리엄 제임스

위의 두 글을 읽으면서 당신은 어떤 생각이 드는가? 엄마의 감정이 이렇게까지 자녀에게 영향을 미치는지를 몰랐는가? 알아서 부담이 되는가? 아니면 "아싸!" 하고 쾌재라도 부르고 싶은가? 부모는 모두 자녀의 행복을 간절히 바란다. 원수가 아닌 다음에야 자녀가 행복하기를 바라지 않는 부모는 이 세상에 단 한 사람도 없을 것이다. 자신의 행복보다는 자녀의 행복을 더 원하는 것이 부모다. 그것으로 족하다고 말하는 부모도 많을 것이다. 자녀가 행복할 수 있는 가장 빠른 답이 나왔다. 그렇다. 부모가 먼저 행복하면 된다. 뇌 연구에서 밝히지 않았는가? 엄마가 행복하면 자녀도 행복하다고 느낀단다. 엄마가 슬프면, 기쁘면 그대로 자녀도 슬프고 기쁘다. 뇌가 그렇게 느낀다. 이 얼마나 무서운 말인가! 이 얼마나 다행스런 말인가!

부모 교육을 하면서 이런 말이 진실임을 더 명확하게 확인할 수 있었다. 입학하고 처음부터 마음이 많이 쓰인 여학생이었다. 항상 우울해서 친구가 하나도 없는 아이였다. 그 아이의 친구는 책이었다. 그냥 힘이 쭉 빠진 상태로 우울한 표정으로 책만 들여다보고 있었다. 부모 교육을 하면서 엄마를 만났다. 엄마의 모습이 아이랑 똑같았다. 우울한 표정, 목소리까지도. 힘이 없이 축 처진 상태까지도. 놀라운 것은 부모 교육을 받으면서 엄마가 행복해졌다. 어느 날 이 아이가 보이지 않았다. 아이들 속에서 큰소리로 웃고 수다 떠는, 행복해하는 아이로 다시 태어났다. 불과 한 달 만에 일어난 변화였다!

얼마나 놀라운 일인가! 얼마나 빠른 효과인가! 부모가 행복해지니까 자녀가 행복해지는 것은 지극히 자연스러운 현상이다. 과학의 법칙처럼 딱 맞아떨어지는 결과 같다. 정말 놀라운 일이다.

 **부모가 자녀를 위하여 할 일은?**

자녀에게 줄 수 있는 가장 큰 선물은 '부모가 먼저 기꺼이 행복한 것'이다. 당신은 지금 행복한가? 당신은 자녀에게 줄 수 있는 가장 큰 선물을 준비했는가?

대한신경정신의학회의 최근 조사 결과이다(6대 광역시, 만 20~59세

남녀 1,000명, '정신건강과 행복'에 관한 조사, 2015년 4월 3일 발표). 이것에 의하면 한국인들이 느끼는 행복감은 100점 만점에 59점이었다. 세계 성인 행복지수의 평균은 71점이니까 우리나라 성인 행복지수는 한참 못 미치는 셈이다. 행복순위는 143개 나라 중 118위에 머물렀다. 뒤에서 세는 게 더 빠른 수준이다.

당신도 지금 행복하지 않을 확률이 더 높다. 그런가? 부모 세대가 이렇게 불행한 이유는 사회적 불안이 상당 부분 차지한다. 최선을 다해서 살아도 미래는 항상 불안하다. 언제 어떻게 될지 모른다. 살아남으려면 무조건 달려야 한다. 옆에서 달리니까 뒤처질까 봐 두려워 달리고 또 달린다. 묻지도 따지지도 않고 달린다. 물어볼 시간도 대화 나눌 시간도 없다.

'런닝맨', '무한도전' 이런 프로그램이 사회적 일면을 그대로 보여주고 있다. 달리고 또 달리다가 결국엔 지친다. 오죽 힘들었으면 '힐링캠프'까지 등장했을까? 한마디로 병 주고 약 주는 사회다. 힐링캠프 한 번 한다고 금방 행복해질 수 있을까? 근본적인 불안이 치유될 수 있을까? 불안의 원인은 그대로인데……. 임기응변식의 처방이다. 안타까운 현실이다.

당신이 행복하지 않으면 당신의 자녀는 당연히 행복하지 않다. 당신이 느끼는 불행보다 더 불행하다고 느낀다.

우리의 자녀들이 얼마나 행복하지 않은지는 최근 결과에서 더욱 두드러지게 나타난다. 세이브 더 칠드런과 서울대 사회복지연구소가 세계 15개국의 만 8세, 10세, 12세 어린이 5만 2,141

명을 대상으로 아동의 행복감 조사를 진행했다. 「아동의 행복감 국제 비교 연구」 논문에 의하면(2015. 5. 18. 발표) 우리나라의 아동의 행복감이 조사국 15개 나라 중 꼴찌였다. 경제적으로 우리보다 훨씬 못사는 네팔, 에티오피아보다도 더 낮았다. 불행한 이유가 시간 선택의 자유가 없고 자기 자신에 대한 만족도가 낮은 것이 그 원인이었다. 스스로 선택할 수 있는 것이 없고 경쟁구도 속에서 공부만 해야 하는 현실이 아동의 행복감을 떨어뜨리는 주범이라는 것이다.

이같이 한국의 교육 현실이 아이들 불행에 제일 큰 몫을 차지한다. 부모와 똑같은 경쟁 구도 속에 놓여있다. 살아남기 위해 달려야 한다. 불안한 부모는 달리는 말에 자꾸 채찍을 가한다.

"이렇게 살아서 뭐가 될래? 엄마(아빠)처럼은 되지 말아야지."

이런 협박까지 한다. 얼마나 불안이 더해지겠는가?

'지금 현실은 힘들지만 열심히 살면 어른이 되었을 때 우리 부모처럼 행복하게 살 수도 있겠구나!' 하는 희망이 보여야 살아갈 수 있지 않겠는가? 부모가 힘들어하고 불행한 모습만 보여 주면 어디서 희망을 발견하라는 말인가?

'어른이 되어도 저렇게 불행하게 살아야 하는 거구나!' 이런 생각이 든다면 얼마나 절망적이겠는가? 아이들은 인터뷰를 통해서도 공부하는 이유는 "노숙자가 되지 않기 위해서"라고 답한다. 요즈음 아이들은 정말 어른이 되고 싶지 않다고 한다.

키에르케고르는 '인간에게 있어 죽음에 이르는 병은 절망'이라고 말한다. 미래가 없을 때, 희망이 보이지 않을 때 살고 싶은 마음이 없어진다고 한다. 한국의 학생들이 그렇게 자살을 많이 하는 이유는 이러한 절망 때문이다. 희망은 자신을 신뢰할 수 있을 때, 남을 신뢰할 수 있을 때 생긴다. 자신을 믿을 수 없게 부모가 세뇌시키지 않았는가? 믿었던 부모조차 믿을 수 없다는 것을 깨달았다. 마지막으로 선택할 수 있는 건 죽음밖에 없다. 당연한 결과 아니겠는가?

누구 책임인가? 부모 책임이다. 물론 부모더러 무조건 책임을 다 떠맡으라는 말은 아니다. 전적으로 당신 책임이 아니라는 것 충분히 인정한다. 그럼에도 불구하고 당신이 책임져야 하는 건 당신이 부모이기 때문이다. 사회 탓만 하고 기다리고 있을 수는 없지 않은가? 부모는 행복하지 않아도 그나마 버텨낼 힘은 있다. 자녀는 버텨낼 힘이 없다. 당신의 자녀를 이대로 방치할 수는 없지 않은가?

지금 당장 당신이 할 몫을 해 보자는 것이다. 이제는 더 이상 사랑하는 내 자식을 방치하지 말자는 말이다. 부모가 힘드니까 어쩔 수 없는 식의 자세보다는 부모니까 내가 할 수 있는 일을 해 보자는 말이다. 방치하는 것도 간접살인이나 마찬가지이기에 이제는 한국의 자녀를 살려내어야 한다. 우리 부모들이 살려내어야 한다. 죽을힘을 다해 노력해서라도 자녀들을 살려내어야 한다.

행복한 부모가 되어 주자. 당신 자녀를 위해서라도 꼭 행복한

♥
가짜부모 진짜부모

사람이 되어야 한다. 부모가 먼저 행복해져야 자녀가 행복할 수 있다. 행복하기가 이토록 어렵다는 말인가? 도대체 어떻게 하면 행복해진단 말인가?

 ## 행복은 선택이다

"난 정말 아름다운 인생을 살았다. 내 인생에서 행복하지 않은 날은 하루도 없었다."
두 눈이 보이지 않고 말도 하지 못했던 헬렌 켈러가 죽음을 앞두고 했던 말이다. 반면 권력을 한 손에 거머쥐었던 나폴레옹은 이렇게 투덜거렸다.
"내가 기억할 수 있는 범위 내에서 행복한 날은 엿새를 넘지 않았다."
— 『30초 감사』 정지환

헬렌 켈러와 나폴레옹 중 누가 더 행복한 사람인가? 헬렌 켈러가 행복한 이유는 무엇인가? 나폴레옹이 불행한 이유는 무엇인가? 외부적인 조건이 불행할 수밖에 없는 헬렌 켈러는 매일 행복을 찾았다. 행복의 외부적인 조건을 다 갖춘 나폴레옹은 평생 동안 단 엿새밖에 행복을 찾지 못했다. 당신은 헬렌 켈러인가? 나폴레옹인가?

행복은 내가 선택한다. '선택'이라는 것이 무슨 뜻인가? 내가 주체이다. 그리고 한 개가 아닌 여러 개라는 말이다. 행복은 늘 우리 주위에 있다는 말이다. 당신 주위에 무수히 널려 있는 것이 행복이라는 것이다. 발견하고 발견하지 못하고는 당신의 능력이다. 행복의 눈이 밝은 사람의 눈에는 보일 것이다. 행복을 찾는 눈이 흐린 사람의 눈에는 평생 엿새밖에 보이지 않을 것이다. 아무리 많이 널려 있고 가까이 있다고 해도 당신이 선택하지 않으면 당신 것이 아니다. 바로 옆에 행복이 있다고 아무리 가르쳐 주어도 자기 눈에는 그것이 행복이 아니라고 말한다. 다른 행복을 찾으러 헤매고 다닌다. 엉뚱한 것을 행복이라고 우긴다.

부자가 되면 행복할 거라고 착각하고 있다. 부자가 되기 위한 노력을 무지하게 하고 있다. 자녀가 공부를 잘하면 행복할 거라고 믿는다. 자녀를 엄청 닦달하고 있다. 남편이 잘해주면 행복할 거라는 기대를 하고 있다. 바가지 긁어가며 남편의 사랑을 갈구한다. 남편은 더 피하여 도망간다. 노력해서 이런 것이 채워지면 행복할 거라고 말한다. 평생 나폴레옹의 마음으로 살아간다.

당신도 이런 사람인가? 이런 사람이 행복할 확률은 희박하다. 연구에 의하면 외부적인 요인은 행복지수의 불과 8% 정도밖에 영향을 미치지 못한다고 한다. 당신이 부자인가? 당신의 남편이 당신에게 아주 잘해주는가? 자녀가 공부도 아주 잘하는가? 이런 모든 것이 다 채워지더라도 당신이 느끼는 행복은 겨우 8%

다. 이런 것이 모두 채워질 확률도 거의 없다. 악담하는 것은 절대 아니다. 외부적인 것에서 얻어진 행복은 진정한 의미에서는 100% 당신의 행복이 아니다. 그런 조건이 없어지면 언제든지 불행해지기 때문이다. 그런 조건에서 행복을 찾는 당신이 안타까워서 하는 말이다.

말이 나온 김에 행복지수에 대하여 더 알아보자. 최근 리처드 데이비슨 박사의 연구에서 유전적인 영향력이 행복에 미치는 영향력은 30% 정도라고 한다. 외부적인 것이 8%라고 했다. 그렇다면 우리가 노력하여 얻을 수 있는 행복은 62%나 된다고 할 수 있다. 내가 통제할 수 있는 행복이 62%라면 아주 높은 확률이지 않는가? 주위에 널려 있다는 말이 맞는 말이다. 당신 가까이에 있는 행복을 당신 스스로 찾아서 가지면 된다. 조금만 노력하면 아무나 행복해진다는 말이다. 가까이에 널려 있는 행복을 선택하는 방법을 익히면 된다.

행복은 내가 통제한다

통제란 무슨 뜻인가? 쉽게 설명하기 위하여 운전하는 것을 생각해 보자. 운전을 할 때 운전대는 누가 쥐고 있는가? 바로 운전자, 자신이다. 오른쪽을 갈지 왼쪽으로 갈지 운전자가 결정한다. 운전자가 운전대를 조정하면 자신이 원하는 대로 운전을 할 수 있다.

행복도 운전하듯이 하면 된다. 내가 통제하면 된다. 내가 통제한다는 말은 책임도 내가 진다는 말이다. 운전을 잘 못해서 사고 나면 자기 책임인 것이다. 자기가 사고 내 놓고 회피하는 것은 뺑소니다. 죗값이 더 크다. 행복도 불행도 자기 책임이라는 말이다. 행복을 조정하고 통제하지 못하면 불행해진다는 말이다.

잠시도 한눈팔면 안 된다. 운전대에서 손을 떼면 큰일 나듯이. 다가오는 순간순간의 상황들에 민첩하게 대처하면 된다. 너무 멀리 보지도 말고 가까이에 있는 것만 살피면 된다. 멀리 보려고만 하면 사고가 난다. 지금 이 순간만 보면 된다.

젊은 나이에 나에게 불행이 닥쳤을 때는 이런 사실을 몰랐다. 행복의 통제권은 당연히 신이 쥐고 있는 줄 알았다. 내가 할 수 있는 일이 없는 줄 알았다. 억울해서 신만 원망했다. 신이 저주했다고 생각해서 나도 나를 저주했다. 내가 선택한 것은 행복이 아닌 불행이었다. 당연히 불행할 수밖에 없었다. 내가 자동차의 운전을 하지 않았으니까 사고 나는 것은 당연한 결과 아닌가.

그 사실을 예전에 알았더라면 적어도 5년이나 나를 방치하는 어리석은 짓은 절대 하지 않았을 것이다. 5년이나 운전대를 놓고 있었는데도 대형사고 안 난 게 얼마나 다행인가! 얼마나 신에게 고마워해야 할 일인가!

지금 내게 다시 이와 비슷한 일이 벌어진다면 어떨까? 잠시 휘청하겠지만 얼른 정신을 차릴 것이다. 그리고 지금 내가 이 상황에서 뭘 해야 할지를 빨리 생각할 것이다. 그리고 행동으로 옮길 것이다. 운전대를 놓아버려서 당연히 사고가 나게 하는 어리석은 결정은 절대 하지 않겠다는 말이다. 대신 어떻게든 행복을 매일매일 선택하고 내가 통제하는 생활을 실천하겠다는 말이다. 지금 알아차린 것만 해도 천만다행이다. 앞으로 50년 정도는 더 남았으니 얼마나 행운인가!

주위에 보면 예전의 나처럼 자신의 행복을 스스로 통제하지 못하는 사람이 너무 많다는 사실을 알았다. 부모 교육을 하면서 엄마들을 만나다 보면 엄마들은 더욱더 못 알아차린다는 것을 알았다. 그래서 세상에 우울한 엄마들이 너무나 많다는 것을 알았다. 왜 우울한지, 어떻게 우울을 치료해야 하는지 모르고 헤매고 있었다. 가족들 때문에 우울하다고 했다. 통제권이 다른 사람에게 있으니까 자신이 할 일을 못 찾고 있었다. 억울함만 더해갔다. 예전의 나처럼 그러고 있었다.

그런 엄마들을 만나면서 내가 할 일이 너무나 많다는 것을 알아차렸다. 상처를 치유한 사람만이 다른 사람을 치유할 능력이 있다는 사실은 내게 너무 큰 행운이었다. 나에게 이런 능력을 준 것도 다 이유가 있었다. 이 세상의 엄마들을 살려내라는 명령이었다. 그 자녀들까지 빨리 살려내라는 신의 사인이었다. 그래서 지금도, 앞으로도 부모를 살려내는 일을 하며 살아갈 것이다.

 행복은 습관이다

"행복은 문지르고 문지르면 광채가 났다."

– 『바람이 분다 당신이 좋다』 이병률

행복은 이런 것이다. 문지르고 문지르면 자꾸 빛이 나는 것이 행복이다. 연습하고 연습하면 더 많이 행복해진다. 더 자주 행복한 일이 생긴다. 행복은 습관이다. 어떻게 하면 습관이 되는가? 매일매일 반복해야 한다. 처음엔 아주 평범한 것일 수도 있다. 정말 사소한 것일 수도 있다. 하지만 반복하면 평범함이 비범함이 된다. 사소한 것이 특별한 것이 된다. 바로 습관이다. 행복은 꾸준한 연습을 통하여 몸에 배서 습관처럼 행동이 나올 때 행복이 되는 것이다.

주위에 보면 행복한 사람이 있다. 그 사람을 보면 작은 하나라도 행복한 짓을 한다. 그 짓 때문에 행복한 사람이 된다. 그 짓이 자연스럽게 몸에 배었기 때문에 당연한 행동처럼 보인다. 하지만 그 사람은 꾸준한 연습을 통하여 행복해지는 습관이 몸에 배인 것이다. 공짜로 얻는 것은 없다. 행복도 마찬가지다.

당신은 행복해지기 위하여 어떤 것을 연습하는가? 어떤 것을 매일 실천하고 있는가? 매일 반복하는 행복연습에는 어떤 것이 있는가? 긍정심리학에서 제안하는 행복연습은 '칭찬', '웃음', '감사'이다.

1) 칭찬

여기서 칭찬은 나 자신에게 하는 칭찬이다. 일어날 때부터 저녁에 잠들 때까지 최대한 많이 나 자신에게 칭찬해준다. 마치 어린아이의 옆에서 엄마가 항상 따라다니며 챙기듯이 아침에 일어날 때 이렇게 말한다.

"아, 잘 잤다. 복녀야!"

이렇게 칭찬하고 기지개 쭉 켜고 일어난다. 금방 기분이 상쾌해진다.

매일 아침 일어나 책을 읽고 글을 쓸 때도 나를 칭찬한다.

"복녀야, 매일매일 너를 챙기는 모습 정말 예쁘다!"

머리 쓰다듬듯이 칭찬한다. 기분이 좋아서 더 잘하고 싶다. 새벽 운동을 할 때도, 학교에 가서 학생들을 가르칠 때도 나를 알뜰살뜰 챙겨서 칭찬한다.

칭찬받으면 기분 좋지 않던가. 다른 사람이 나를 칭찬해 주려면 얼마나 복잡한가? 언제 기다리느냐 말이다. 그냥 나 자신에게 내가 칭찬해주면 된다. 셀프칭찬이다. 셀프칭찬이 가장 효과가 좋다. 칭찬받으면 기분 좋아서 더 잘하게 된다. 자신에게 야박하게 굴지 말고 넘치게 칭찬해 주자. 돈 드는 것도 아닌데 왜 그렇게 아끼는가 말이다.

대학원 강의할 때나 부모 교육을 할 때 자신을 칭찬하라고 하면 쑥스러워서 못하는 사람들이 의외로 많다. 생각보다 자신을 칭찬할 것이 별로 없다고 말한다. 한두 개 하고 나면 금방 바닥이 나는 사람도 있다. 평소에 당당한 사람, 긍정적인 사람이 자기 자신을 칭찬할 때도 잘한다. 남이야 뭐라고 말하든 자기 자신에게 당당한 사람이 참 멋있다. 빛이 난다.

신기한 일은 또 있다. 엄마가 칭찬을 잘 못하면 그 자녀도 역시 칭찬을 잘 못한다. 학교에서 매일 수업시작 전, 자기 자신에게 칭찬하기를 하고 있는데, 이런 아이들은 할 때마다 버벅거린다. 엄마의 자존감 크기만큼이 자녀의 자존감이라는 사실을 확인하는 순간이다. 참 놀랄 만한 일이다. 칭찬도 매일 연습하면 조금씩 나아진다. 칭찬이 긍정적인 에너지로 바뀌는 것을 느낀다.

자신에게 칭찬을 잘하는 사람이 다른 사람에게 칭찬도 잘한

♥

다. 다른 사람의 칭찬거리가 자연스럽게 눈에 들어온다. 자신에게 연습을 많이 했기 때문이다. 칭찬해 주는 사람을 사람들이 좋아한다. 그 사람 옆에 가면 왠지 기분이 좋으니까. 칭찬하는 사람도 좋고 칭찬받은 사람도 기분이 좋아진다. 에너지의 선순환이 이루어지는 것이다. '최고의 애드리브는 칭찬'이라고 했다. 애드리브 잘 못해도 재미있는 사람을 능가하여 더 인기 있는 사람도 될 수 있다. 칭찬 잘하는 사람이 되면 된다.

자신을 칭찬해 주어라. 그것도 매일, 매순간 말이다. 넘치도록 칭찬해 주어라. 칭찬을 잘하는 사람이 행복할 수 있다. 매일 꾸준히 실천해 보고 그래도 행복하지 않다면 그때 내게 따져도 된다.

2) 웃음

행복 연습의 두 번째로 웃음을 제안한다. 웃을 거리도 없는데 어떻게 만날 웃느냐고? 웃을 거리가 있어서 웃는 것은 아무나 할 수 있다. 웃을 거리가 없을 때조차도 웃을 수 있어야 그 사람이 진짜 웃음의 고수이다. 이렇게 웃을 수 있으면 평생 진짜 부모로 살 수 있다.

그렇다면 거짓말로 웃어도 효과가 있을까? 대답은 '그렇다'이다. 억지로 웃어도 효과는 거의 똑같다고 한다. 똑똑한 뇌는 평소에는 똑똑하지만 좋은 일에 사용할 때는 슬쩍 눈감아 준다. 모르는 척 속아준다. 웃음 앞에서는 뇌도 속아준다. 우리의 뇌는 거짓말과 진짜를 구분하지 못한다고 한다. 억지로 웃어도 진짜 좋은 일이 있어서 웃는 걸로 착각한다는 것이다. '우리 주인이 좋은 일이 있는가 보다.' 이렇게 생각하고 좋은 에너지를 분비한다는 것이다.

"웃을 일이 있어서 웃는 게 아니라 웃으니까 웃을 일이 생긴다."라고 한다. 부디 무뚝뚝하게 있지 말고 억지로라도 웃자. 행복하기 위한 일인데 어색하면 어떤가? 처음엔 어색하겠지만 자꾸 연습하면 자연스러워진다.

웃음 근육이라는 것이 있다. 잘 웃는 사람은 웃음 근육이 있어서 자동적으로 잘 웃는다. 근육을 만들려면 적어도 3개월 정도는 노력해야 하지 않는가. 단백질 먹으면서 식스팩 만들려고 근육 운동을 해야 한다. 꾸준히 하면 식스팩이 만들어진다.

웃음도 이와 같다. 평소에는 그냥 웃자. 그리고 매일 일정한 시간, 장소를 정해 놓고 웃음 근육을 단련하자. 나는 운동할 때도 걸으면서 웃는다. 운동하고 샤워 할 때도 주름살 늘었나 보는 대신 웃기 연습을 한다.

출퇴근을 하면서 차 시동 거는 시간이 웃음 근육 기르는 시간이다. 강의를 앞두고 있거나 조금 긴장해서 남 앞에 서야 할 때도 화장실에 가서 잠시 웃고 나온다. 책을 쓸 때도, 무엇을 하다가 잘 안 풀릴 때도 시도 때도 없이 웃음 근육을 단련하고 있다. 조금씩 매일매일 연습하니까 지금은 너무 잘 웃는다고 사람들이 좋아한다. 나는 헤픈 여자다. 잘 웃는 여자라는 말이다. 웃음이 헤프다는 말은 듣기 참 좋다. 나는 앞으로도 헤픈 여자로 평생 살 것이다. 매일 웃음을 연습하며 살아갈 거니까. 자꾸 연습하다보면 저절로 웃음이 나올 테니까.

　3) 감사

　감사는 조금 더 깊이 다룰 내용이므로 다음으로 이어서 새로운 장을 마련하여 말해야겠다. 감사에 대하여 빨리 알고 싶은 사람은 다음 장을 먼저 보기 바란다.

> "불행은 종종 사소한 일을 무시했을 때 생겨나고, 행복은 종종 사소한 일에 관심을 기울일 때 생겨난다."
>
> 　　　　　　　　　　　　　　　　　　　　　－ 빌헬름 부쉬

　행복이라는 것이 거창할 줄 알았는데 너무 평범한가? 행복이 우리랑 멀리 떨어져 있을 줄 알았는데 아주 가까이 있는가? 하지만 내가 선택해야 하고 통제하고 매일 연습하여 습관으로 굳어져야 행복이 내 것이 된다. 행복은 바이올린 연주나 자전거 타기처럼 누구나 배울 수 있는 기술이며, 행복해지느냐 그렇지 못하느냐는 오직 우리 자신에게 달려있다.

　진짜 부모가 된 당신, 평생 진짜 부모로 살아가길 바란다. 그 방법은 '행복하기'이다. 부디 행복할 수 있는 방법을 잘 실천하기를!

마음의 문 활짝 열면

행복은 천 개의 얼굴로

아니 무한대로 오는 것을

날마다 새롭게 경험합니다.

어디에 숨어 있다 고운 날개 달고

살짝 나타날지 모르는 나의 행복

행복과 숨바꼭질하는

설렘의 기쁨으로 사는 것이

오늘도 행복합니다.

　　　– 〈행복의 얼굴〉 이해인 수녀

 ## 지금 행복하자

　네잎클로버의 꽃말이 행운인 것은 누구나 알 것이다. 그렇다면 세잎클로버의 꽃말이 무엇인지 혹시 아는가? 행복이다. 지금 나의 주위에 지천으로 널려있는 세잎클로버와 같은 것이 행복이다. 네잎클로버를 찾느라 세잎클로버는 쳐다보지도 않는다. 행

운을 쫓느라 지금 주위에 있는 행복에는 무관심해 버리는 게 우리의 일상이지는 않는가? 세잎클로버를 열심히 모으다 보면 간혹 네잎클로버도 자연스럽게 눈에 띨 건데 말이다. 보이지 않는 행운만 찾느라 지금 눈앞에 펼쳐지는 행복은 눈에 들어오지도 않는 게 아닌가? 그러다가 행운도 행복도 다 놓치고 마는 삶은 아닌지 점검을 해 봐야겠다.

우리의 삶도 마찬가지라고 생각한다. '집 장만하면 행복할 텐데', '10억이 모이면 행복할 수 있을 텐데', '자녀들 다 결혼시키기 전까지는 불행해도 참자', '퇴직하기 전까지는 무조건 참자'라는 식으로 행복을 자꾸 뒤로 미루고 있다. 심지어 자녀에게도 잘못된 행복을 주입시키고 있지 않는가? '지금은 불행해도 조금만 참아라', '대학교 가면 괜찮다', '취직하면 괜찮다', '다 이룬 후에 행복해도 된다'와 같은 생각으로 지금의 행복을 다가올 미래에 자꾸 맡겨둔다.

이런 사람들에겐 어쩌면 평생 행복은 오지 않을 것이다. 더 큰 목표, 더 좋은 것을 쫓다가 삶을 마감할지도 모를 일이다. 지금 행복할 수 있는 방법을 터득하지 못한 사람이 그때 가서는 갑자기 행복할 수 있다는 말인가! 행복은 연습해야 된다고 말하지 않았는가? 연습이 안 된 사람은 평생 행복운전자의 초보자로 살다가 말지도 모른다.

행복 연습은 딴 게 없다. 지금 이 순간을 즐기는 마음이다. 살

231

아가는 삶 자체를 즐기는 것이다. 롤러코스터처럼 몸을 맡기고 스릴을 즐기면 된다. 화들짝 즐거운 날도, 밋밋한 하루도, 허무하기만 한 날도, 죽을 것처럼 숨 조이는 날도 삶 전체로 보면 하나의 선의 일부이다. 삶은 굴곡이고 스릴이다. 그냥 맡기고 순간순간에서 삶의 의미를 찾아내라는 말이다. 아니, 내가 해석하라는 말이다. 이렇게 살다 보면 의미 없는 순간, 의미 없는 일이란 없을 것이다.

지금 나는 책을 쓰고 있다. 어떤 사람은 책을 쓰는 것은 산고의 고통이라고까지 한다. 책이 나오는 마지막 순간만 행복이라고 한다면 지금 책 쓰고 있는 이 순간은 그야말로 고통일 것이다. 그렇지만 책을 써 나가는 순간순간의 느낌, 경험까지도, 힘든 과정까지도 즐긴다면 지금 이 순간은 행복이다.

그래서 사실 난 책 쓰는 과정이 별로 힘들지 않다. 그리고 진도가 잘 나간다. 이렇게 즐기면서 하다 보면 어느 순간 원고의 마지막 장이 써질 것이고 책도 출판되어 나올 것이다. 어떨 때 더 행복하고 어느 순간이 덜 행복한지는 의미가 없다. 그냥 매 순간순간을 즐기면 그것이 행복이다. 지금 당장 행복하자.

최고급
휘발유는
'감사하기'

　이제 행복자동차의 연료가 필요하다. 휘발유나 경유 중 무엇을 선택할 것인가? 또 다른 연료는 없을까? 행복자동차는 질 좋은 연료를 넣어야 한다. 평생 운전할 차이기 때문이다. 운전만 잘해서 베스트 드라이버가 되는 것이 아니다. 베스트 드라이버라면 당연히 질 좋은 연료를 찾아서 넣을 것이다. 이것은 베스트 드라이버의 기본자세이다. 가장 중요한 자세이다.

　행복자동차에는 '감사하기'라는 휘발유를 넣어야 한다. '감사하기'가 가장 좋은 휘발유이기 때문이다. '감사하기'라는 휘발유는 차의 성능을 오래 잘 유지할 수 있다. 승차감이 좋다. 혹시 조금 충격이 가해져도 끄덕도 없이 안에 탄 사람은 안전하다. '감사하기'라는 휘발유가 행복자동차를 최고급 차로 평생 유지시켜 줄 것이다.

지금부터 '감사하기'라는 휘발유를 넣고 출발해 보자. 진짜 부모로 평생 살아가기 위한 세 번째 전략을 알아보는 시간이다. '감사하기'이다. 감사하기만 잘 실천해도 평생 진짜 부모로 살아가는 데는 전혀 문제없다. 더 훌륭한 일도 해낼 수 있는 사람으로 성장할 수 있다.

어떻게 감사하기를 실천할 것인지 알아보자.

 ## 작고 사소한 감사로 시작하자

> 감사 하나, 오늘 아침 잠자리에서 거뜬하게 일어날 수 있게 되어서 감사합니다.
> 감사 둘, 유난히 눈부시고 파란 하늘을 보게 해 주셔서 감사합니다.
> 감사 셋, 점심 때 맛있는 스파게티를 먹게 해 주셔서 감사합니다.
> 감사 넷, 오늘 방송 일이 순조롭게 끝난 것에 감사합니다.
> 감사 다섯, 좋은 책을 읽었는데 그 책을 써 준 작가에게 감사합니다.

혹시 누구의 감사일기인지 눈치챘는가? 세계적으로 영향력을 끼치고 있는 오프라 윈프리의 감사일기이다. 세상에서 가장 바쁜 그녀! 밥 먹는 것 외에 하루도 빠지지 않고 하는 일이 있었다. 바로 감사일기를 쓰는 일이었다. 이 감사일기의 힘이 오늘날 그녀를 그렇게 훌륭한 인물로 우뚝 서게 했다.

한마디로 오프라 윈프리처럼 하면 된다. 일상의 삶 속에서 작고 사소한 감사를 하면 된다. 여러분도 지금 당장 작고 사소한 감사를 한 번 찾아보자.

1. 오늘 아침 일어나게 해 주어서 감사합니다.
2. 상쾌한 날씨를 주어서 감사합니다.
3. 글 쓸 수 있는 손이 있어서 감사합니다.
4. 책을 읽을 수 있는 눈이 있어서 감사합니다.
5. 나를 응원해 주는 가족이 있어서 감사합니다.

내 블로그에도 '매일감사' 카테고리가 있다. 그곳에 나도 매일 감사일기를 올리고 있다. (http://blog.naver.com/yeouok11)

당신은 지금 어떤 감사를 찾았는가? 잘되는가? 너무 쉽지 않은가? 열 가지도 금방 할 수 있지 않겠는가? 내가 한 감사 중에서 다섯 번째 말고는 아무나 할 수 있는 감사이다. 이렇게 쉬운 게 감사이다. 작고 사소한 감사는 우리 주위에 언제나 널려 있다. 그것을 매일 클릭하듯이 하면 된다.

이렇게 매일 감사를 하면 된다. 아침에 해도 되고 저녁에 해도 된다. 오프라 윈프리는 매일 아침, 저녁으로 감사일기를 썼다고 했는데, 하루 중에 한 번 써야 한다면 저녁이 더 좋겠다. 왜냐하면 잠자기 전 감사는 우리의 뇌에 그대로 저장이 되기 때문이다. 아침에 일어나면 어제 저장된 감사하기 때문에 일어나자마자 감사하기를 찾는 뇌로 변하기 때문이다. 노력하지 않아도 아침에는 자동적으로 감사를 찾기 때문이다.

그 다음 '감사하기'를 말로 하는 것도 좋다. 시간을 꼭 정할 필요는 없다. 찾을 때마다 바로 감사하다고 말해 버리면 된다. 시간을 정하는 이유는 너무 안 하기 때문이다. 중요한 일을 빼먹고 안 하기 때문에 챙기자는 차원에서 시간을 정해서라도 하자는 것이다.

부모 교육을 할 때 부모님들에게 저녁에 가족이랑 감사하기를 해 보라고 권했더니 아주 잘 실천했다.

가족과 함께 감사하기 Tip

1. 저녁에 잠자기 전 아이를 재울 때 하면 제일 좋다.

2. 포근하게 안을 수 있는 인형 같은 것을 준비한다.

3. 엄마가 먼저 감사하기를 한다.
   "우리 아들이 저녁을 맛있게 먹어서 감사합니다."

4. 아이에게 인형을 건네면 아이가 감사하기를 말한다.
   "엄마가 맛있는 음식을 해 주셔서 감사합니다."

5. 이렇게 3번 정도 이어가면 충분하다.

6. 꼭 안아주면서 "우리 OO 잘 자!" 하고 나온다.
   아이는 감사하기를 하다가 잠이 든다.

부모님들이 더 좋아했다. 아이는 이 시간을 기다리고 '감사하기'를 하자고 막 조른다고 했다. 자녀와의 관계도 아주 좋아지고 부모 스스로도 많이 행복해졌다고 말했다. 이제는 가족의 의식(Ritual)으로 자리 잡았다고 많이 고마워했다.

다음은 혼자 누워서 바로 할 수 있는 감사하기이다.

혼자 감사하기 Tip

1. 잠이 스르르 오면 잠자리에 편안히 눕는다.

2. 오늘 한 일을 떠올리면서 감사할 일을 찾아 혼자 말한다.
   "오늘 기분 좋게 하루를 마무리할 수 있어서 감사합니다. 편안하게 잠들 수 있어서 감사합니다……."

3. 감사하기를 찾다가 자연스럽게 스르르 잠이 들면 된다.
   다섯 가지를 안 찾아도 된다. 그런데 다섯 가지 이상은 충분히 찾게 된다.

이 감사하기는 더 쉽다. 빼먹을 염려가 없다. 자기 전에 혼자 누워서 감사하기를 시작하면 된다. 감사하기를 하다가 그냥 잠이 들면 된다. 효과는 아주 좋다. 왜냐하면 자녀들과 감사하기는 주로 상대에 대한 감사가 많은데, 혼자 하는 감사는 자기 자신에 대한 감사가 대부분이기 때문이다. 자신에게 감사할 때가 더 에너지가 많이 생긴다. 자주 자신에게 감사할 거리를 찾아서 감사하는 말을 해 주면 좋겠다.

 ## 그럼에도 불구하고 감사하자

감사하기를 실천하면 이상하게 일이 잘 풀린다는 느낌이 들 것이다. 실제로 좋은 일이 일어난다. 좋은 것은 좋은 것만 끌어당긴다. 감사가 더 감사할 일을 끌어 모은다는 에너지 공명의 법칙이다. 앞으로도 술술 일이 잘 풀릴 것이다. 그래서 감사할 일이 더 많아질 것이다.

그럼에도 불구하고 삶은 항상 좋은 일만 일어나는 것이 아니다. 좋은 일보다는 안 좋은 일, 피하고 싶은 일이 더 많이 일어난다. 삶은 늘 문제의 연속이라고 해도 과언이 아니다. 이럴 때는 감사하기가 쉽겠는가? 눈 씻고 봐도 감사할 일이 없는데 어떻게 감사하라는 말인가? 도저히 감사가 안 될 때는 어쩌란 말인가?

"부정적인 생각을 긍정적인 생각으로 바꾸는 데 가장 효과적이고 빠른 방법이 감사이다."
— 『의식혁명』 데이비드 호킨스

그렇다. 이럴 때조차도 감사하기를 하라는 말이다. 어쩌면 이럴 때 감사하기를 하면 더 효과적이라는 말이다. '그럼에도 불구하고 감사하기'이다.

오프라 윈프리의 감사일기에는 일상적인 감사밖에 없었을까? 오프라 윈프리의 살아온 환경은 악조건이었다. 환영받지 못하고 태어난 아이, 아홉 살 때 사촌오빠에게 강간당했고 열네 살에 미숙아를 사산했다. 그 이후도 엄마의 남자친구나 친척에게 끊임없는 성적 학대를 당했다. 이런 환경 속에서도 감사할 거리를 찾는 연습을 끊임없이 했다. 어떤 조건하에서도 감사할 거리를 찾아 매일 실천한다면 눈부신 성공도 이뤄낼 수 있다는 교훈을 준다. 오프라 윈프리의 감사의 지혜를 배워보자. 한 단계 업그레이드된 '그럼에도 불구하고 감사하기'에 도전해 보자.

나는 '그럼에도 불구하고 감사하기'를 이런 단계까지 하게 되었다.

"남편이 빨리 돌아가셨지만 딸아이 하나 낳아놓고 간 것만 해도 감사하다. 혼자 벌지만 교사라서 자식 공부시킬 수 있어서 감사하다. 혼자 사니까 나 자신을 챙길 수 있는 시간이 많아서 감사하다. 책 쓸 수 있는 최적의 환경이라서 감사하다."

요즘에는 이런 감사까지 하고 있다. 장례식장에 가면 내 나이 또래의 남편이 돌아가신 것을 본다. 그곳에 가서 한 게 '그럼에도 불구하고 감사하기'였다.

"남편이 돌아가실 운명이었다면 빨리 돌아가셔서 그나마 다행이다. 추억이 쌓이기 전에 돌아가서, 많이 의지하기 전에 돌아가서 그나마 다행이다. 지금 돌아가셨으면 너무 의지해 있어서, 추억이 너무 많아서 일어서기가 힘들었을 텐데…….”

이런 말도 안 되는 감사까지 하면서 살 수 있게 되었다.

나는 이제 평생 진짜 부모로 살아갈 자신이 있다. ‘그럼에도 불구하고 감사하기’ 덕분에 이렇게 자신만만하게 말하는 것이다.

당신은 ‘그럼에도 불구하고 감사하기’를 어떤 감사까지 할 수 있는가? 어쩌면 삶은 ‘그냥 감사하기’보다 ‘그럼에도 불구하고 감사하기’를 더 많이 요구할 것이다. 이럴 때는 ‘그냥 감사하기’로는 약하다. ‘그럼에도 불구하고 감사하기’가 먹힌다. 이것 정도를 해야 자신을 구해낼 수 있다. 물론 ‘그럼에도 불구하고 감사하기’가 되는 사람은 ‘그냥 감사하기’는 식은 죽 먹기다. ‘그냥 감사하기’가 잘되는 사람이라면 ‘그럼에도 불구하고 감사하기’도 잘될 것이다.

당신은 이제 진짜 부모로 평생 살아갈 사람이다. 행복자동차의 베스트 드라이버가 되었고 최고급 연료 ‘감사하기’로 채웠다. ‘그럼에도 불구하고 감사하기’는 A^{+++}등급 연료다. 이제 출발하면 된다. 앞만 잘 보고 가면 된다. 평소에는 ‘감사하기’ 연료를 매일매일 넣으면 된다. 어느 날 갑자기 벌어지는 상황에도 겁먹지 마라. 힘든 상황, 좌절하는 상황이 오면 얼른 휘발유를 보충해라. ‘그럼에도 불구하고 감사하기’ 연료를 넣으면 된다.

당신의 행복자동차는 '감사하기' 연료 덕분에 평생 잘 굴러갈 것이다. 연료가 떨어지지 않게 항상 '감사하기' 연료를 보충하여 넣어만 주면 된다. 이 질 좋은 연료를 떨어지지 않게 넣어줄 사람, 당신이 행복자동차의 베스트 드라이버이지 않는가! 인생이라는 자동차를 잘 운전하기를! 당신의 행복자동차의 쾌적한 운행을 기원한다.

241

자신과의
소통은
만사형통!

　진짜 부모로 평생 살아갈 여러 가지 방법을 배우고 있다. 내 안에 진짜 부모가 있는 것도 확인했다. 행복자동차의 베스트 드라이버로 평생 살아가면 되는 것도 알았다. '감사하기'로 평생 행복할 수 있는 방법도 배웠다. 그렇게 살아가면 평생 진짜 부모로 살아갈 수 있다고 했다. 물론 그렇다. 평소에 이것만 잘 실천해도 삶의 수렁으로는 빠지지 않을 수 있다.

　또 한 가지를 추가하여 알려주고 싶다. 진짜 부모로 살아갈 수 있는 방법이 여러 가지면 얼마나 좋은가! 활용할 수 있는 방법이 많으면 얼마나 안심이 되는가! 이것 안 되면 저것으로 하면 되고, 또 어떤 날은 이것이 더 잘되고 어떤 날은 저것이 먹혀 들어가고 할 테니 말이다. 추가하여 가르쳐 주고 싶은 방법은 '자신과 소통하는 것'이다.

서천석의 『마음 읽는 시간』이란 책이 있다. 이 책에서 '마음 읽는 시간'은 자신의 마음을 읽는 시간이다. 우리는 자신의 마음을 읽는 시간이 꼭 필요함을 강조하고 있다. 마음을 읽는다는 것은 자신을 객관화하는 것이다. 멀찍이 서서 자신을 쳐다보아야 자신이 보인다. 요가나 명상에서는 이를 관조(觀照)라고 한다. 마치 자기 앞에 대형 거울이 있는 것처럼 있는 그대로의 나를 바라보고 보이는 대로 인정하고 받아들이는 것을 말한다.

왜 우리는 자신의 마음을 읽는 시간이 필요할까? 자신과 소통하기 위해서이다. 자신과 소통이 되면 뭐가 좋은가? 마음이 잔잔해지고 그 결과 자신의 문제를 스스로 해결할 수 있게 된다. 결국엔 행복해질 수 있다는 말이다. 자녀의 마음을 왜 읽어주었는지를 생각해 보면 된다. 자녀의 마음을 읽어주니까 자녀도 결국엔 행복한 아이로 자랄 수 있게 되는 것이다. 나 자신과의 소통은 행복해지기 위해서이다.

어떻게 하면 나 자신과 소통을 할 수 있을까?

마음의 창을 점검하기

'내 마음의 창'이 있다고 생각해 보자. 세상의 모든 현상들을 받아들이는 창이라고 가정하자. 우리는 바깥 경치를 창문을 통하여 본다. 창이 어떨 때 바깥 경치가 더 잘 보이는가? 어떤 창일 때 바깥 경치를 더 많이 볼 수 있는가? 창이 깨끗하고 넓어야한다. '내 마음의 창'도 마찬가지다. 내 마음의 창이 넓을 때 상대의 행동을 더 많이 수용할 수 있을 것이다. 내 마음의 창이 깨끗할 때 상대의 행동을 왜곡하지 않고 있는 그대로를 볼 수 있을 것이다.

넓고 깨끗한 창문을 가지기 위해 할 수 있는 일은 무엇일까? 내 마음의 창을 항상 점검하는 일이다. 내 마음의 창을 수시로 닦는 일이다. 내 마음을 항상 점검하고 수시로 닦아 주어야 한다는 말이다. 내 마음이 힘든지 속상한지 살펴보는 일이다. 자세히 살펴보면 힘든지 속상한지 알아차릴 수 있다. 알아차리면 힘들 때 속상할 때 보살펴 줄 수 있다. 마치 창문이 더러울 때 입김으로 '호호' 불어서 창문을 닦듯이, 내 마음에도 '호호' 불어서 아픈 곳을 어루만져 주면 된다. 이것이 내 마음을 보살피는 방법이다.

내 마음의 창이 깨끗하면 내 마음을 잘 보살핀 것이다. 깨끗한 창문을 통하여 바깥 경치가 아주 선명하게 잘 보인다. 내 마음을 잘 챙기면 다른 사람의 마음도 잘 챙길 수 있다. 깨끗해진 내 마음의 창을 통하여 다른 사람의 마음이 잘 보이기 때문이다.

내 마음의 창을 닦는 일은 누가 하는 일인가? 내 마음의 창이니까 내가 주인이다. 내가 닦아야 한다. 자신이 매일 마음의 창을 닦아야 한다. 내 마음을 항상 점검해야 한다. 나를 점검한다는 말이 무슨 뜻일까? 나의 상태가 어떤지 알아보는 것이다. 어떻게 알아보면 될까?

 ## 내 마음에게 안부를 묻기

나의 상태가 어떤지를 살펴보면 된다. 몸 상태는 어떤지 알겠는데 마음의 상태는 모른다. 모르면 물어보면 된다. 내 마음에게 안부를 물어보면 된다. 어떻게 안부를 물어보면 될까? 상대를 만났을 때 하는 것처럼 물어보면 된다.

"복녀야, 요즘 어때?"

이렇게 그냥 물어보면 된다. 그런데 처음부터 바로 답을 해 줄까? 오랫동안 친한 사이라면 안부를 묻는 것은 지극히 자연스럽다. 상대도 바로 답을 해 준다. 그런데 처음 만나는 사람이나 별로 친하지 않는 사람에게는 바로 안부를 물을 수 없다.

당신은 당신 마음과는 처음으로 만나거나 별로 친하지 않은 사이이다. 처음으로 남녀가 만났다고 생각해 보자. 사귐을 전제로 만났다고 해도 처음부터 들이대면 상대도 당황할 것이다. 무례하게 느낄 수도 있다. 조금씩 알아가다가 마음에 들면 언제부턴가 자연스럽게 안부를 묻게 된다. 안부부터 궁금해진다. 만나자마자 "어떻게 살았어?" 하고 물어보게 된다. 나중에는 안부를 묻지 않아도 어떻게 살았는지 바로 말해준다.

당신의 마음과도 이렇게 차근차근 다가가면 된다. 항상 당신과 함께 있었는데도 방치했다고 삐쳐 있을지도 모른다. 그동안 자신을 버렸다고 많이 서운해할지도 모른다. 마음이 많이 토라져서 쉽게 마음을 열지 않을 수도 있다. 하지만 한편으로는 당신의 관심을 기다리고 있었을지도 모른다. 당신에게 사랑받고 싶은 사람은 바로 당신 자신이기 때문이다. 조금만 관심 가져주고 보살피면 금방 마음의 창문을 활짝 열어줄 것이다.

그러면 그때 안부를 물어보면 된다.

"○○야, 요즘 어떻게 지내니?"

이렇게 물어보면 된다. 조금 친하게 되면 금방 답이 올 것이다.

"응, 나 요즘 너무 힘들어. 너무 속상해. 화가 나서 미칠 것 같아."

이렇게 말해 주는 날도 있다. 또 어떤 날은 "요즘 너무 행복해. 너무 뿌듯하고 내가 자랑스러워." 이렇게 답해 주기도 할 것이다. 내가 묻기만 해도 바로 답을 해 줄 것이다. 어떤 날은 내가 물어보지도 않았는데 자신의 마음을 막 쏟아낼 때도 있을 것이다. 그만큼 당신 자신과 친해졌다는 말이다. 마음을 쏟아낼 때 어떻게 하면 될까?

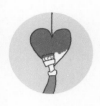

토닥토닥, 마음 읽어주기

당신이 지금 힘들다고 말하고 있지 않은가? 속상하고 화가 나서 미치겠다고 하고 있지 않은가? 행복하다고 하는데도 그냥 있을 것인가? 뿌듯하고 자랑스럽다고 말하는데도 그냥 시큰둥할 것인가? 어떻게 하면 좋을까?

그렇다. 진짜 부모라서 그런지 역시 눈치도 빠르다. 당신이 짐작한 답이 맞다. 바로 당신 자신에게 경청을 해 주면 된다. 자녀에게 했던 그 방법 그대로 자신에게 적용하면 된다. 이름하여 '나 자신에게 반영적 경청하기'이다. 자신에게 경청을 해 주면 된다. 한번 연습해 보면 바로 이해할 수 있을 것이다.

"복녀야, 너무 힘들었나 보다!"

"속상했겠다!"

"정말 화가 많이 났나 보다!"

이렇게 말해주면 된다. 이제 당신이 한번 해 보자. 꼭 자기 이름을 먼저 부르고 하면 좋다.

"○○야, 정말 행복한가 보다!"

"뿌듯하고 자랑스러웠구나!"

아주 잘하고 있다. 이 정도면 거의 완벽하게 되는 것이다. 자녀에게 적용하고 있는 그대로 자신에게 하는 거니까 금방 답할 수 있을 것이다.

자신과의 소통은 만사형통

내가 평생 가져갈 삶의 팁이 있다면 첫 번째로 이것이다. '나 자신에게 반영적 경청하기'이다. 나 자신의 마음을 읽고 그때의 내 감정을 그대로 읽어주면 되는 것이다. 내가 언제 어떤 상황에서 감정적으로 힘들지 모른다. 아니면 좋은 감정은 더 좋은 에너지로 확대할 수도 있다. 이럴 때마다 이 팁을 꺼내어서 사용하면 된다. 이미 매일 나 자신에게 실천하고 있다. '나 자신에게 반영적 경청하기'의 효과는 엄청나다.

이번에 미국에 갔다 와서도 딸아이랑 함께한 시간이 너무 행복했던지 한국에 와서는 많이 허전했다. 얼른 나에게 반영적 경청을 해 주었다.

"복녀야, 딸이랑 있다가 오니까 많이 허전하지?"

"사랑하는 내 새끼 자주 볼 수 없으니까 많이 안타깝지?"

"이국만리 떨어져 있으니 옆에서 가끔 도와주지도 못하고 많이 애달프지?"

몇 날 며칠 출렁거릴 감정이 하루 이틀 사이에 잔잔하게 제자리를 찾아가는 것을 느낄 수 있었다. 이렇게 살고 있다. 이렇게 나와 소통하면서 제법 잘 살아가고 있다. 나와 소통이 되니까 만사가 형통되는 느낌이다.

부모 교육 하는 어머니들에게 이 방법을 가르쳐 드리면 처음에는 많이 어색해한다. 자기 자신에게 말을 걸어보는 것이 처음이라고 한다. 대부분의 엄마들이 자신의 이름을 부르면서 자신에게 반영적 경청을 하라고 하면 바로 울음을 터트린다. 통곡을 하는 엄마들도 있다. 그동안 방치하고 무관심했던 자신에게 미안해서 우는 것이라고 했다. 이제는 그러지 않겠다는 약속이기도 했다. 한 번 이렇게 자신에게 반영적 경청을 하고 나면 표정이 환하게 밝아진다. 계속해서 실천을 하니까 정말 좋다는 이야기를 한다.

살면서 삶의 비밀병기 하나쯤 가지고 있으면 삶이 얼마나 든든할까! 어떤 시련이 와도 눈 하나 까딱하지 않고 맞설 그런 강한 무기 말이다. 나에게 삶의 비밀병기는 이 '나 자신에게 반영적 경청하기'이다. 먼저 나 자신에게 대화를 시도해 보고 자신이 보내는 사인에 따라 마음을 읽어주면 된다. 풀이 죽은 내가 금방 싱싱해진다. 금방 꼬꾸라질 것 같은 힘든 상황에서도 나를 구해낸다. 이 비밀병기로 해결 못 할 일은 거의 없었다. 생각보다 훨씬 강한 무기다. 실천해 본 사람만이 강함을 알 수 있다. 나는 평생 이 비밀병기와 함께 살아갈 것이다. 나와의 소통은 만사가 형통되는 일이다. 어떠한 상황에서도 나를 지켜낼 힘이다.

내가
나의
맞춤상담자

고민이 있거나 일이 잘 안 풀리면 당신은 어떻게 하는가?

① 그냥 끙끙 앓으면서 고민에 짓눌려 무기력하게 있다.

② 나랑 친한 사람에게 가서 의논한다.

③ 돈 5만 원 들고 덜덜 떨면서 점집을 찾는다.

④ 혼자 깊이 고민해 본 다음 가장 합리적인 방법을 찾는다.

당신은 위의 방법 중에 어떤 방법으로 고민을 해결하는가? 아니면 자신만의 다른 방법이 있는가? 나는 ④방법을 사용하는데 한 가지 다른 점이 있다. ④방법은 깊이 고민을 한다고 했는데 나는 고민 대신 다른 것을 한다. 이것만 해 주면 가장 합리적인 방법이 자동적으로 보인다. 그 방법대로 해 보면 대부분의 고민이 해결된다.

이 방법을 알고부터는 고민이 생기거나 갑자기 무슨 일이 닥쳐도 잠시 놀랄 뿐이다. 당황되거나 두렵지가 않다.

'그래, 고민 너 왔다 이거지? 내가 다 해결해 줄 테니까 조금만 기다려라. 고민 너, 어디 한번 보자.'

이런 마음으로 고민과 당당하게 맞선다. 고민이 움찔 놀라 금방 물러선다.

이렇게 문제를 해결해 놓고 보면 내가 무슨 굉장한 능력을 가진 사람처럼 의기양양해진다. 세상에 두려움이 없어지고 세상 속에서 언제나 당당하게 살아갈 수 있다. 고민이 생기면 또 이런 방법으로 해결하면 되는 거니까. 내가 나의 고민을 스스로 해결할 수 있는데, 당연한 태도 아니겠는가. 어떻게 하면 고민 앞에서 이렇게 당당할 수 있는지 궁금하지 않은가? 당신도 이런 자세로 삶을 살아가고 싶지 않은가? 진짜 부모로 평생 살아갈 당신에게 드리는 다섯 번째 선물이다. '내가 나의 맞춤상담자'가 되는 것이다.

이 방법은 이론 두 가지를 가지고 내가 믹스를 했다. 부모 교육을 하면서 어떻게 하면 부모님들이 가진 문제들을 빨리 효과적으로 도와줄 수 있을까 고민하는 중에 터득한 방법인데 효과가 좋았다. PET의 경청 기법과 현실치료의 선택이론을 접목했다.(PET의 경청과 현실치료의 선택이론은 한국심리상담연구소의 프로그램임을 밝혀둠)

경청은 2층 뇌를 활성화시키는 데 활용한 방법이고, 선택이론은 3층 뇌를 활용한 기법이다. 2층 뇌를 활성화시키면 3층 뇌가 자동으로 활성화된다는 설명은 앞에서 했다(Chapter2. 가짜부모 벗어나기 P. 81). 2층 뇌를 활성화 시켜야 문제 해결을 스스로 잘 할 수 있다는 것도 배웠다. 즉 감정을 공감해 주어야 문제해결을 위한 행동을 스스로 선택한다는 것이다. 감정을 공감해 주는 단계가 빠지면 말짱 도루묵이다. 감정 공감해 주기가 꼭 있어야 함을 한 번 더 강조한다.

공식으로 설명해 보면 아래 표와 같다.

<1단계> 감정을 공감해 주기

상황에 맞게 마음을 읽어 공감해 준다.

<2단계> 행동을 선택하도록 돕기

① W(Want) 네가 원하는 게 뭐야?

② D(Doing) 지금 넌 어떻게 하고 있어?

③ E(Evaluation) 그렇게 하는 것이 네가 원하는 것을 얻는 데 도움이 되니?

④ P(Plan) 그러면 어떻게 할래?

1단계는 경청을 해 주는 단계이고, 2단계는 행동을 선택하도록 돕는 단계이다. 1단계는 이미 앞에서 배워서 연습한 거라서 조금만 주의를 기울이면 잘할 수 있을 것이라고 생각한다.

사례를 들어서 설명하면 이해가 쉬울 것이다.

\<1단계\> 감정을 공감해 주기

1학년 담임할 때 남자아이에게 적용한 사례이다.

수업을 마치고 돌봄교실에 간 K가 씩씩거리며 나타났다.

: 선생님, 친구들이 나만 왕따시켜요.

〈1단계〉 감정을 공감해 주기

: 그래, 너만 왕따시켜서 속상했겠구나.

조금 더 읽어주면 감정이 내려간다. 무슨 일이 있었는지를 조심스럽게 물어본다.

: 무슨 일 있었는지 선생님께 이야기 좀 해 줄래?

: 아니, 친구들이요, 나만 따돌리고 자기들끼리만 놀고 그래요.

: 진짜 서운했겠다. 힘들었겠다. 화났겠다……

아이들은 한두 마디 경청만 해 주어도 감정이 금방 내려간다. 씩씩거리는 것이 줄어들면 바로 2단계로 넘어간다.

이 정도가 1단계이다. 아이의 상황에 맞게 우리가 배운 경청의 방법을 활용하는 단계이다. 소극적 경청이든 적극적 경청이든 적절하게 활용하면 된다. 이렇게 하면 감정이 수그러지는 것이 느껴질 것이다. 2층 뇌를 활성화 시켜주어서 3층 뇌로 올라가도록 도와준 것이다.

2단계를 설명할 단계이다. 2단계는 3층 뇌를 활성화하도록 도와주는 단계이다.

아이가 문제를 스스로 해결하는 과정에 바람직한 행동을 선택할 수 있도록 상담기법을 사용하여 돕는 단계이다.

<2단계> 행동을 선택하도록 돕기

앞의 돌봄교실 K의 사례가 그대로 이어진다. 질문의 내용은 같지만 조금 다른 어투로 바꾸어서 질문을 해도 된다.

① W(Want) 네가 진짜 원하는 게 뭐야?

🙂 : K야, 네가 원하는 게 뭔데?

이때 저학년들은 원하는 것이 무엇인지 잘 모른다. 교사가 직접 말해 준 다음 선택하라고 하면 된다.

🙂 : K야, 넌 친구들이랑 친하게 지내고 싶다는 말이지?

🙂 : 네.

이때 "친구 혼내주세요."라고 하면 상대방이나 자신에게 해로운 행동은 안 된다고 분명한 한계를 지어준다.

② D(Doing) 갈등이 생길 때 주로 어떻게 행동했니?

🙂 : 친구들이 왕따시킬 때 너는 어떻게 했는데?

🙂 : 친구들을 발로 차고요. 침도 뱉고요. 책에 살짝 낙서도 했어요.

그냥 술술 제 입으로 분다. 감정을 공감해 준 뒤라서 이런 게 가능하다.

③ E(Evaluation) 그 행동이 네가 진짜로 원하는 것을 얻는 데 도움이 되었니?

🙂 : K야, 넌 친구랑 사이좋게 지내고 싶다고 그랬잖아. 그런데 발로 차고, 침도 뱉고, 책에 살짝 낙서도 하고 그러니까 친구랑 친하게 지낼 수 있었니?

🙂 : 아니요.

바로 답이 나온다.

④ P(Plan) 네가 바라는 대로 되기 위해 다르게 해 본다면 어떤 행동을 해볼래?

🙂 : 그러면 앞으로 친구랑 친하게 지내기 위해서 네가 할 수 있는 좋은 행동이 뭐가 있을까?

행동이 빠른 녀석이라 머리까지 빨리 돌아간다.

🙂 : 친구랑 사과할까요?

내 말이 끝나지도 않았는데 바로 돌봄교실로 뛰어가 버렸다. 원래는 선택한 행동을 언제 할지? 누구에게 할지? 어떤 말로 할지? 구체적으로 정한 다음에 실천하도록 하는데 이 K는 스스로 답을 찾았나 보다.

조금 뒤에 K군은 한 무리의 군단을 이끌고 의기양양하게 나타났다.

🙂 : 선생님, 사과했어요.

이게 끝이다. K군은 군단을 이끌고 다시 돌봄교실로 돌아갔다.

어떤가? 처음 접하는 기법이라 낯선가? 어려울 것 같은가? 염려하지 않아도 된다. 천천히 조금씩 한 단계씩 나아가는 게 우리의 목표 아니었던가! 잘 안되면 어떤가. 처음부터 잘되는 사람은 아무도 없다. 부모가 조금만 바뀌어도, 심지어 바뀌려고 마음만 먹어도 자녀는 금방 알아차린다. 변하려고 노력하는 마음이 고마워서 미리 자기의 행동을 바꾸어 준다. 이것이 우리가 조금씩이라도 실천해 볼 충분한 이유이다. 부모가 자녀를 포기하지 않는 한 자녀는 절대 부모를 먼저 포기하지 않는다. 자녀는 부모에게 마지막까지 아군이다.

이제 오늘의 하이라이트다. '내가 나의 맞춤상담자'가 제목 아니었던가? 이 기법을 자녀에게 적용해 보는 것이 물론 좋다. 자녀를 상담하기에 안성맞춤인 기법이다. 쉽고 빠르게 적용할 수 있는 방법이다.

더 중요한 것은 나 자신에게 적용하는 것이다. 내가 힘들 때 누군가에게 상담을 받고 싶을 때 이 기법을 나에게 적용하면 된다. 이 기법을 나에게 적용하면 정말 놀라운 일이 벌어진다. 내가 나를 상담하는 것이 가장 빠르게 나를 일으키는 방법이다. 내 말을 가장 잘 들어주는 사람은 나 자신이다. 나를 진심으로 사랑하는 단 한 사람은 바로 나 자신이기 때문이다. '내가 나의 맞춤상담자'가 되는 기법이다. 나에게 적용한 사례이다.

남편이 돌아가신 지 많은 세월이 지났는데도 내 생일만 다가

오면 기분이 몹시 가라앉는다. 이 기법을 적용하기 전에는 항상 그랬다. 이제는 이 기법으로 나 자신을 내가 상담을 한다.

<1단계> 감정을 공감해 주기

먼저 내 기분을 있는 그대로 읽어준다.

"복녀야, 세월이 많이 지났는데도 기분이 그렇제? 혼자 생일 지내려니 얼마나 쓸쓸하고 외로울까!"

이 정도만 해도 기분이 차분해진다.

<2단계> 행동을 선택하도록 돕기

① W(Want) "네가 원하는 게 뭐야?"

"난 기분 좋게 생일을 보내고 싶어."

내가 나 자신에게 물으면 바로 답이 돌아온다.

② D(Doing) "그런데 넌 지금 어떻게 하고 있어?"

"울적해 있고, 내 인생이 왜 이럴까 한탄하고, 다른 사람이랑 비교하고……."

줄줄이 사탕처럼 내가 하고 있는 일을 나 자신에게 일러준다.

③ E(Evaluation) "그렇게 하는 것이 네가 원하는 것을 얻는 데 도움이 되었니?"

"기분 좋게 생일을 보내고 싶다면서? 울적해 있고, 내 인생이 왜 이럴까 한탄하고, 다른 사람이랑 비교하고 그렇게 하고 있으면 기분 좋게 생일을 보낼 수 있을까?"

"아니!"바로 평가를 한다.

④ P(Plan)"그러면 네가 원하는 것을 얻기 위해 어떻게 할래?"

"기분 좋게 생일을 보내기 위해 어떻게 할래?"

"우선 미역국을 끓이자. 소고기 반, 조갯살 반 넣어서 맛있게 끓이자. 케이크도 사지 뭐. 맛있는 걸로. 생선도 한 마리 살까? 생선 좋아하니까 구워서 먹자. 엄마에게는 미리 감사 전화를 드리자. 딸에게도 전화나 메일로 미리 엄마의 딸로 태어나줘서 고맙다고 전하자. 생일 케이크는 혼자 못 먹으니까 학교 가서 나눠 먹자. 내 생일이라고 당당하게 밝히면서."

생일 날, 우울한 기분은 정말 감쪽같이 사라졌고, 나만의 생일을 축하하며 기분 좋게 보낼 수 있었다. 이 상담 기법을 알고, 사용하고부터는 우울한 생일은 찾아볼 수가 없게 되었다. 오히려 나만의 생일도 즐기며 맞이하게 되었다.

이 기법은 나 자신을 위한 맞춤상담기법이다. 이 기법만 생활 속에서 잘 사용해도 내가 나의 맞춤상담자가 될 수 있다. 무슨 일만 터지면 쩔쩔매면서 헤매지 않아도 된다. 앞에서도 보았듯이 5만 원 들고 덜덜 떨면서 찾아가서 "내가 이것 해도 될까요?" 하고 물어보지 않아도 된다. 내 안에 내가 나를 상담하고 문제를 찾아 해결할 수 있는 능력이 이미 있다.

이렇게 하는 과정에서 나를 치유할 수 있다. 내가 나를 치유할 수 있는 능력도 이미 내 안에 있다. 나 자신을 믿고 한번 실천해 보아라. 큰 일 터졌을 때 하려고 시도하지 말고 작은 소소한 일부터 이 방법을 시도해 보아라.

연습만큼 능숙해지는 길은 없다. 연습하여 습관이 되면 아무리 큰일이 터져도 당황하지 않아도 된다. 자신을 위한 맞춤상담을 얼른 진행하면 된다. 빨리 평정심을 찾고 문제도 척척 해결할 수 있다. 자신에게 상담이 잘되면 자녀에게는 자동으로 상담을 잘할 수 있다. 이렇게 해서 자녀의 상담자로서도 능력 있는 상담자가 되는 것이다.

진짜 부모로 평생 살아갈 부모라면 자녀의 상담자는 되어야 하지 않겠는가? 그러기 위해서 먼저 나 자신의 맞춤상담자가 되면 된다. 나를 구하고 내가 그렇게 사랑하는 내 자식 구할 수 있는 일인데, 무엇인들 못할까!

깨달은 만큼
베풀며 살자

"나 혼자서는 따로 행복해질 수 없다. 원하든 원하지 않든 우리는
서로 연결되어 있기 때문이다."

- 달라이 라마

신이 이 세상에 사람을 보낸 이유는 서로 사랑하면서 사랑을
실천하라고 보낸 것이라고 한다. 그 대상이 가족이든 타인이든
신이 보기에는 똑같은 사랑을 실천할 수 있는 대상으로 보일 것
이다. 성경에서는 믿음, 소망, 사랑 중에 으뜸은 사랑이라고 쓰
여 있다. 사랑을 실천하는 방법 중 한 단계 수준을 끌어올린 것
이 봉사라고 생각한다.

내가 할 수 있는 봉사로 시작하자

우리 동네 아파트에는 하천을 끼고 운동하는 길이 나 있다. 새벽 운동을 하는 사람들은 주로 새벽잠이 없는 어르신들이다. 새벽에 운동을 하면서 우연히 발견한 광경이다. 어르신들이 일할 때 쓰는 목장갑을 끼고 계셨다. 손에는 비닐이랑 집게가 들려 있었고 제법 큰 비닐봉지가 가득 차도록 무엇인가를 자꾸 주워 담으신다. 가만히 보니 하천을 청소하고 계셨다. 어르신들이 어떻게 저런 생각을 하셨는지 존경스러웠다. 매일 저렇게 하고 계셨던 것이다.

새벽 운동을 하면 이런 사람들을 종종 발견한다. 몇 년 전 초등학교 운동장을 돌며 운동을 할 때였다. 새벽 운동을 일찍 시작하신 것 같았다. 자신의 선행이 남에게 들키는 것이 싫었나 보다. 젊은 여자분이었다. 학교 운동장에서 운동을 한 후, 마지막 한 바퀴는 운동장의 쓰레기를 모두 주웠다. 그리고는 조용히 그 쓰레기를 가지고 사라졌다.

그 이후로 나도 이 방법을 따라 해보기로 했다. 운동 마치고 계단을 올라가면서 실천해 보기로 했다. 6층까지 계단을 오르면서 계단에 떨어진 담배꽁초를 주워서 버렸다. 뭔가 마음이 맑아지고 남몰래 한 것이 더 뿌듯했다.

04 이제 나는 평생 진짜다

세상에는 각자의 방식으로 봉사를 이미 하고 있는 사람들이 참 많았다. 이른 새벽 운동하면서 하천의 쓰레기를 줍던 어르신들, 학교 운동장의 쓰레기를 남몰래 줍던 어느 여자분. 이런 분들의 가르침이 참 고맙다. 봉사는 더 훌륭하고 덜 훌륭하고가 아니다. 각자 자기가 할 수 있는 봉사를 하면 되는 것이다.

봉사를 시작하니까 봉사할 거리가 자꾸 보였다. 가끔 경비 아저씨에게 맛있는 것을 사다 드리곤 한다. 시장에 갔다가 내 것 사면서 하나 더 사면 드릴 수 있어서 참 좋다. 시골에 갔다가 시골에서 가져온 농산물 중에서 얼마만큼은 아예 뚝 떼서 경비 아저씨를 드리면 나누는 재미가 참 행복하다.

 ## 생활 속에서 봉사를 실천하자

봉사 중에서 가장 의미 있는 봉사는 삶 속에서 실천하는 봉사라고 생각한다. 이것이 봉사의 출발이라고 생각한다. 진짜 부모로 살면서 자녀에게 따뜻한 말을 해 주는 것도 봉사다. 가족을 위하여 음식을 준비할 때 정성을 다하여 준비하는 것도 봉사다. 지나치는 사람에게 따뜻하게 인사 건네기는 어떤가! 경비 아저씨께 고맙다고 인사하는 것. 택배를 배달해 준 기사님께 마음을 담아 고맙다고 말하는 것도 역시 봉사다.

♥
가짜부모 진짜부모

그렇다면 당신은 삶 속에서 어떤 봉사를 할 수 있는가? 어떤 봉사를 실천하고 있는가?

나는 학교에서 아이들을 따뜻하게 안으며 맞이하고 있다. 수업 준비 열심히 하여 아이들을 재미있게 가르치려고도 애쓴다. 동료 교사들에게는 밝고 긍정적인 에너지를 주면서 생활하려고 한다. 교장, 교감 선생님의 뜻을 헤아려 내 할 일을 결정한다. 경비 아저씨께 따뜻하게 인사하는 것도 실천한다. 학교를 청소해 주시는 아주머니께도 고맙다는 말을 먼저 건넨다. 내가 실천하고 있는 봉사도 제법 많이 된다.

당신도 이미 이 정도의 봉사는 실천하고 있을 것이다. 생활 속에서 어떤 마음 자세, 어떤 작은 실천을 하면서 사는지? 이런 것이 봉사의 출발이라고 생각한다. 내가 하는 작은 행동에서부터 거의 대부분이 어쩌면 봉사하는 것이 아닐까? 서로 사랑을 실천하는 일이라면 모두가 봉사다. 더 마음을 다하고 정성을 다하여 사랑을 실천하는 봉사를 하면 된다.

 ## 재능은 봉사하라고 신이 주신 것

나의 좌우명은 '가치 있는 나', '베푸는 삶', '선한 영향력'이다. 부모 교육 강사를 하게 되면서 이런 좌우명으로 바꾸었다. 부모 교육 강사를 하면서 깨달은 것이 있었다. 내가 조금은 특별한

삶을 살아오게 된 것도 모두 신의 뜻이라는 생각이 들었다. 나를 부모 교육 강사로 쓰려고 단련시켰다는 생각이 들었다. 김미경 강사가 한 말 중에서 "강사는 깨달은 강의를 해야 한다."라는 말을 참 좋아한다. 설익은 강의를 하지 말라는 말을 한다.

내가 그런 삶을 살아오지 않았다면 지금 어떻게 살고 있을까? 우리 딸에게 PET를 적용하는 것도 몰랐을 것이다. 부모 교육 강사가 되려고 전혀 시도하지도 않았을 것이다. 부모들이 얼마나 자녀에게 영향을 끼치는 사람인지를 몰랐을 것이다. 많은 부모들이 자녀를 어떻게 키울지 몰라 이렇게 쩔쩔매고 있는지도 몰랐을 것이다.

내가 하는 이 봉사가 얼마나 의미 있는 일인지! 나를 이런 의미 있는 일을 하는 사람으로 써 주시는 신의 은총이 정말 감사하다. 기독교식으로 이야기하면 난 신의 은총을 받은 사람이다. 그 은총을 그냥 받고만 있으면 안 되지 않은가! 나 혼자만 잘살면 무슨 재미인가! 서로 사랑하라고, 사랑을 실천하라고 우리가 이 세상에 오지 않았는가! 봉사는 바로 사랑의 실천이다.

나는 '가치 있는 나'가 먼저 되고 싶다. 내 삶에 온전히 깨어서 생활하면서 배우고 깨닫고 지혜로워지고 싶다. 그 능력을 부모님들을 위하여 '베푸는 삶'을 살고 싶다. 나의 이런 자취들이 세상에 '선한 영향력'으로 작용했으면 좋겠다. 나이 들수록 이런 선한 영향력을 극대화하는 삶을 살고 싶다.

봉사는 부메랑이다

봉사의 시작은 남을 위해서다. 남을 위한 봉사로 시작했는데 내가 행복해지니까 결국엔 나를 위한 봉사란 것을 알게 된다. 부모 교육 강의를 하기 전에는 나는 학부모님들에게 그냥 '좋은 선생님'이었다. 부모 교육 강의를 하게 되면서 나에게 붙는 수식어가 늘었다. 바로 '존경하는 선생님'이다. 선생님처럼 살고 싶다고도 말해준다. 삶의 멘토로 삼고 싶다고도 한다. 내가 한 일에 비하여 과대포장이 된 것 같아 부끄럽고 너무 황송하다. 나를 믿고 열심히 노력하고 실천하여 진짜 부모로 탄생할 때는 너무 뿌듯하다. 이런 일 더 기꺼이 실천하며 존경에 걸맞은 사람이 되고 싶다.

나로 인해 다른 사람의 삶이 이렇게 변화될 수 있다는 사실이 너무 감사하다. 부모가 바뀌면 자녀의 삶도 건지는 거니까 나는 참 중요한 일을 하는 사람이다. 그래서 참 복 받은 사람이다. 부모를 변화시키는 일을 하고 있지 않은가!

그런데 참 신비롭다. 봉사는 부메랑이 되어 돌아온다. 나는 아낌없이 주려고만 했다. 하지만 무슨 형태로든 나에게 되돌아온다. 이것이 우주의 법칙이다.

"더 많이 줄수록 더 많이 받을 것입니다. 우주의 풍요로움이 우리의 삶 속에서 계속 순환할 수 있기 때문입니다. 조건 없이 진심으로 주면 주는 만큼 다시 받게 됩니다."

- 『성공을 부르는 영적 법칙』 디팩 초프라

봉사를 했을 뿐인데 부자가 된단다. 진심을 가지고 봉사하면 말이다. 어떻게 이 일이 가능한 것일까? 실제로 우리 주위에는 다른 사람에게 선행을 베풀며 사는데 부유하게 사는 사람들이 참 많다. 이런 사람들은 진심으로 봉사한 사람들이다. 이것 또한 우주의 법칙이다. 위에 소개한 책에서 이러한 비밀을 조심스럽게 귀띔해주고 있다.

"돈이란 우리가 교환하는 생명에너지. 그리고 우리가 우주에 봉사한 결과로 사용하는 생명에너지의 상징입니다. 우리가 돈의 순환을 막는다면, 오로지 돈에 집착하여 모으려고만 한다면, 돈은 생명에너지이므로 우리의 삶으로 다시 순환하여 돌아오는 길도 막히게 됩니다."

- 『성공을 부르는 영적 법칙』 디팩 초프라

봉사한 대가로 당신이 받는 이득은 생각보다 훨씬 더 많다. 아무 대가를 바라지 않고 봉사할수록 더 많이 얻는다. 행복해진다. 삶이 의미 있어진다. 부자까지 만들어 주는 비법이 숨어있다. 당신의 재능을 가치 있게 업그레이드해 가면서 아무 조건 없이, 기꺼이 봉사하는 삶을 실천하길 바란다. 기꺼이 봉사했는데도 부메랑이 되어 돌아오는 것이 우주의 법칙이란다.

삶은
늘
출렁인다

　진짜 부모로 살아보니까 어떤가? 갈수록 행복한 것 같지 않은
가. 자녀가 자랄수록 더 희망이 보이지 않는가. 부모 되기 잘했
다는 생각이 들지 않는가. 이렇게 쭉 가면 진짜 부모로 평생 행
복하게 살 것 같지 않은가. 주위에 진짜 부모 되어 사는 사람들
은 아이가 커 갈수록 행복해진다고 말하면서 정말 행복한 비명
을 지르고 있는 부모들이 있다. 나도 그런 사람 중의 한 사람이
다. 하지만 위의 물음에 당신은 항상 똑같은 대답을 할 수 있겠
는가? 진짜 부모 되어 살아도 힘든 적 없던가? 솔직히 말해보
자. 아무리 진짜 부모로 살아도 부모란 자리는 늘 출렁거리지
않던가?

　그렇다. 삶은 늘 이렇게 출렁거린다. 출렁이는 게 정상이다.
잔잔할 때보다 파도치거나 폭풍우 칠 때가 더 많을지도 모른다.
삶의 어느 시점에서는 별로 노력 안 해도 쉽게 넘어가는 시기가 있는가 하면, 어떠한 노력을 해 봐도 전혀 통하지 않는 시기도 있지 않던가? 죽을힘을 다해 애쓰거나 이러지도 저러지도 못해 움츠려서 꼼짝달싹도 못 하고 있어야 할 때도 있지 않던가? 당신이 인간으로서 할 수 있는 노력을 다 해 봐도 자꾸 블랙홀처럼 빨려 들어가는 느낌이 올 때도 있지 않던가? 이것이 삶이다. 확실히 말할 수 있다. 앞으로도 무수히 그럴 것이다. 이럴 땐 속수무책으로 당하고만 있을 것인가? 누군가에게 원망만 하다가 에너지 다 소진하고 말 것인가? 이런 상황에서조차도 우리가 할 일이 있지 않을까?

마지막 비책이라도 있어야 하지 않을까? 평생 진짜 부모로 살아갈 건데, 삶은 늘 이렇게 출렁거린다는데 그저 가만히 있어야만 하는 것일까? 휩쓸려 버리면 어떻게 할 것인가? 그러면 진짜 부모로 평생 살아갈 수 있을까? 내가 할 수 있는 일이 있지 않을까? 삶의 출렁거림에 맞서는 무슨 방법이 있지 않을까? 아니면 물결 따라 함께 출렁이는 무슨 방법이라도 알고 있어야 하지 않을까? 그래야 마음 놓고 진짜 부모로 평생 살아갈 수 있지 않을까.

 ## 부모는 바다

부모 교육을 하고 부모들을 만나면서 드는 생각이 있다. 부모는 바다라고 생각한다. 자녀는 바다에 떠 있는 배이다. 배에 탄

사람은 물론 자녀다. 그 배의 선장도 자녀다. 선장의 할 일은 배가 목적지까지 안전하게 도착하도록 하는 것이다. 선장은 키를 잡고 배를 운항한다. 파도가 치지 않을 때 배는 순항을 한다. 목적지에 빠르고 안전하게 도착할 수 있다. 파도가 친다면 배는 어떻게 되겠는가? 배에 탄 사람은 멀미를 할 것이다. 더 심하게 파도가 치면 파도에 휩쓸려 이리저리 표류할 것이다. 그러다가 좌초될 수도 있을 것이다. 배에 탄 사람은 어떻게 될 것인지 생각만 해도 끔찍하다.

파도를 잠재우는 방법은 없을까? 배가 안전하게 목적지까지 도착하려면 바다가 도와주어야 한다. 아무리 배가 튼튼하고 선장이 훌륭해도 바다의 도움 없이는 순항을 할 수 없다. 목적지까지 잘 도착할 수가 없다. 순항을 돕는 방법은 없을까? 배가 목적지에 잘 도착하도록 바다가 할 일은 무엇인가? 파도를 잠재우면 된다. 파도가 잔잔하면 배는 목적지에 잘 도착할 것이다.

'내 마음의 파도'는 얼마만큼 출렁이고 있는가? 마음의 파도란 감정의 소용돌이를 말하는 것이다. 부모의 감정이 소용돌이치고 그것이 자녀에게 영향을 미치는 것을 파도라고 표현했다. 부모 마음이 소용돌이치면 자녀는 어떻게 되겠는가? 자녀는 멀미를 한다. 멀미가 심해지면 배를 제대로 운항할 수가 없다. 선장 본래의 역할을 제대로 할 수가 없다. 파도가 더 심해지면 배는 좌초될지도 모른다. 배가 산산조각이 나 버릴 수도 있다. 배에 탄 자녀는 어떻게 되겠는가!

당신이 자녀에게 해 줄 일은 마음의 파도만 잠재우면 된다. 바다만 잔잔해지면 배는 서서히 목적지에 도달할 수 있다. 자녀가 탄 배를 어떻게 끌고 갈 것인지는 신경 쓰지 말자. 배의 선장은 당신이 아니다. 자녀이다. 우리 가족이다. 자녀가 스스로 배를 끌고 갈 수 있도록, 우리 가족이 힘을 합하여 안전하게 목적지에 도착할 수 있도록 순항을 돕는 것이 당신, 부모의 할 일이다. 당신이 할 역할만 하면 된다. 자녀의 역할을 빼앗아 배를 운항하겠다는 부모들이 많아서 하는 염려이다. 파도를 잠재우는 일만 하면 된다. 나머지는 자녀가 감당해야 할 몫이다.

우리는 살면서 늘 삶의 파도를 만난다. 잔잔한 파도인가? 자주 심하게 출렁거리는 파도인가? 잔잔한 파도가 일어도 잠재우지 못하고 요동치도록 만들어 버리는가? 당신도 휩쓸어 버리고 자녀도 순항을 못 하게 방해하는가? 그런 부모는 아니었는가?

마음의 파도를 잠재우기 위하여 당신은 어떤 방법을 쓰는가? 어떤 방법이 당신에게 맞는 방법인가? 각자 나름의 방법으로 마음의 파도를 잠재우면 된다. 어느 것이 더 맞고 덜 맞고는 없다. 자신에게 맞는 방법을 찾아 그 방법을 실천하면 된다. 명상을 하는 사람이면 명상이 마음의 파도를 잠재우는 방법이다. 종교인이라면 그 종교에서 하는 어떤 의식일 수도 있다. 각자 생활 속에서 하고 있는 방법도 있을 것이다.

부모 교육 마지막 시간에는 이런 기도문을 함께 낭독한다.

내가 받아들일 수 없는 일들을 받아들일 수 있는 평온을 주시옵고,
내가 할 수 있는 일들을 변화시킬 수 있는 용기를 주옵시며,
그리고 그 차이를 알 수 있는 지혜를 주소서.

〈평온을 비는 기도〉 라인홀트 니부어

마음의 파도가 잔잔해지면 내가 할 역할이 분명히 보인다. 내가 노력해서 안 되는 일인지, 노력하면 변화될 수 있는 일인지 보이게 된다. 노력해서 안 되는 일은 기꺼이 받아들이자. 내 자녀를 위하여 그리고 자신을 위하여. 노력하면 될 일은 용기를 갖고 도전해 보자. 마음이 평온해야 이런 차이가 보인다. 마음이 평온해야 지혜로운 부모가 될 수 있다.

 ## 삶은 자아의 신화를 이루는 과정

"자아의 신화를 이루어내는 것이야말로 이 세상 모든 사람들에게 부과된 유일한 의무지. 자네가 무엇인가를 간절히 원할 때 온 우주는 자네의 소망이 실현되도록 도와준다네."

『연금술사』 파울로 코엘료

이런 물음을 해 본 적은 없는가? 내가 이 세상에 온 이유는 무엇일까? 부모의 몸을 빌려 신이 나를 이 세상에 보낸 진짜 이유

271

는 무엇일까? 그냥 내 의지와는 상관없이 태어났으니까 자연 성장으로 나이 들고 늙어서 죽으면 끝인가? 이렇게 살다가 죽으라고 우리를 이 세상에 보냈을까?

누구는 의미 있는 인생을 살아 다른 사람에게도 선한 영향력을 끼치고 간다. 누구는 자기 자신과 가족만 챙기는 이기적인 삶을 살다가 간다. 누구는 다른 사람에게까지 폐만 끼치다가 손가락질 당하며 안타까운 삶을 살다가 간다. 당신은 어떤 삶을 살다가 가고 싶은가? 이타적인 삶인가? 자기만 챙기는 삶인가? 다른 사람에게 해가 되는 삶인가?

신이 인간을 세상에 보낼 때 숙제를 하고 오라고 보낸 것은 아닐까? 각자의 신화를 이루고 오라는 진중한 명령을 내린 것은 아닐까? 신화를 어떻게 이룰 것인지는 각자의 몫이다. 물론 세상에 도움이 되는 일을 하다가 오는 것이 숙제였으리라. 설마 폐만 끼치는 삶을 살다가 오라고 했을까? 이기적으로 자기 자신만 챙기며 사는 사람을 잘했다고 칭찬해 주실까?

신의 미션을 통과하는 사람에게만 신이 축복을 내리지 않을까? 세상을 위하여 소중하게 쓸 사람만 골라내지 않을까? 뜨거운 담금질의 과정을 잘 견디는 사람만이 금이 되는 것이다. 신이 당신에게 어떤 담금질을 하고 있다고 생각하는가? 담금질의 과정을 잘 겪어서 어떤 축복을 받고 싶은가?

당신이 부모로 태어난 것만으로도 신이 축복한 사람이다. 부모가 자녀에게 끼칠 수 있는 영향력은 헤아릴 수가 없다. 신의

♥

소중한 자식을 당신에게 보내지 않았는가! 당신에게 더 많은 축복을 내리려고! 당신이 신의 담금질을 잘 견디면 더 많은 축복을 내려줄 것이라는 신의 사인이다. 당신에게 어떤 담금질로 당신을 시험하고 있는가? 당신은 지금 그 담금질을 어떻게 받아들이고 있는가?

한 남자가 죽어 천국에 당도했다. 그곳에서 그가 평생 섬기던 신을 만나게 되었다. 신은 그 남자 앞에 그가 살아온 발자취가 담긴 두루마리를 펼쳐 보여 주었다. 그가 걸어온 길에는 늘 두 쌍의 발자국이 가지런히 나 있었다.

"이것 보렴. 나는 네가 살아 있는 동안 늘 네 곁에서 함께 걸었단다."

신의 말에 남자는 행복했다. 그런데 생의 어느 한 지점에서 함께 걷던 발자국은 뚝 끊겨 있었다. 혼자서 비틀거리며 걸었던 발자국이 남아있는 그 지점은 남자가 가장 고통스러운 고비를 넘기던 바로 그 무렵이었다. 남자는 절규하며 물었다.

"신이시여! 바로 이때, 제가 당신의 이름을 부르짖으며 몸부림치던 이때, 당신은 어디에 계셨습니까?"

그때 신이 나지막한 목소리로 대답했다.

"얘야, 그땐 내가 너를 업고 건넜단다."

이 얼마나 위안을 주는 말인가! 신은 늘 우리 곁에서 우리를 돕고 있다는 말이다. 하지만 우리가 고통스러워하는 순간은 우리를 업고 건넌단다. 신도 우리가 너무 힘들어하는 건 보기가 안쓰러운가 보다. 차라리 업고 건너는 게 오히려 마음이 편하신 것이다. 얼마나 사랑하시면 그러셨을까. 우리를 업고 건너느라 얼마나 힘드셨을까!

당신이 고통스러운 순간을 잘 통과하면 우리를 세상에 내려놓을 것이다. 당신이 노력해서 힘든 고비를 통과한 게 아니라 사실은 신이 돕고 있었다는 것이다. 힘든 고비를 잘 통과했다고 선물까지 주시면서……

"지금의 고난은 머지않아 큰 기쁨을 주겠다는 삶의 눈물겨운 약속 이다."

– 〈연탄길〉 이철환

세상에 의미 없는 일이란 없다. 모든 경험은 합하여 선(善)으로 나아가는 길이다. 자아의 신화를 이루는 데 도움이 되는 경험이다. 그리고 이미 우리는 진짜 부모로 사는 엄청난 축복을 받았다. 진짜 부모로 살다가 경험하는 어떤 힘든 것은 신의 또 다른 축복임을 명심하자. 그리고 당신이 자아의 신화를 이루는 과정임을 알아차리자. 신의 담금질을 감사히 받아들이자. 더 의미 있는 일에 당신을 사용하겠다는 신의 사인이다. 신의 사인을 알아차리고 신의 선택에 'Yes' 하자.

부모라는 이름!
이미 선택된 자!
축복받은 사람!

당신이 자아의 신화를 이루는 과정을 진심으로 응원한다.
더 많은 축복이 이어질 것을 믿는다.

275

276

♥

가짜부모 진짜부모

사랑은
복리로
돌아온다

방학 동안 미국에 있는 딸에게 가서 10일 정도 있다가 왔다. 딸아이랑 생활하면서 마치 한 몸인 것 같은 착각을 자주 느꼈다. 갓난아기가 부모의 품에 안겼을 때 안정감을 찾듯이 나도 딸아이와 있으면 이런 평온함을 느낀다. 자식과 엄마는 한 몸이었다가 떨어진 사이어서 그럴까? 딸도 이런 감정이었는지 잘은 모르겠다. 이런 일체감을 어떻게 설명해야 할지 잘 모르겠다. 이렇게 아직도 난 딸이랑 애틋한 모녀간이다. 이번에도 이런 사랑에 흠뻑 젖었다가 다시 한국으로 돌아왔다. 말로 표현 못 할 행복한 시간들이었다.

가장 중요한 시기에 딸아이를 못 돌보았다는 생각 때문에 항상 죄책감과 미안함이 있었다. 어린 딸을 힘들게 했으면 어떡하나 하는 불안감과 그 힘듦이 딸의 성장에 조금이라도 안 좋은 영향이 갔으면 어떡하지 하는 두려움도 있었다. 마음에 늘 무거운 짐 하나 얹어져 있는 것처럼 무거웠었다.

이번 미국에 갔을 때는 엄마의 삶을 있는 그대로 이야기할 수 있는 시간이 있었다. 엄마가 꼭 필요했던 어린 시기에 딸아이를 못 챙긴 미안함도 전하고 진심으로 용서를 구했다. 딸아이는 엄마의 삶을 조용히 들어주었다. 그리고는 먼저 다독다독 위로해 주었다. 엄마도 그때는 최선의 선택이었을 거라는 걸 인정해 주었다. 그리고 사과하지 않아도 된다고, 용서를 해 주어야 하는 그런 일 아니라고 말해 주었다. 오히려 혼자 키우면서 힘든 상황 많았을 텐데도 자기를 끝까지 지켜주어서 고맙다고 진심으로 감사하다는 말을 해 주었다. 정말 고마운 딸이다.

이제는 내 딸은 나의 최고의 베스트 프렌드다. 어떤 누구에게도 못 할 말을 내 딸에게는 할 수 있다. 밤을 새워가며 해도 또 할 말이 남아 있을 만큼 서로가 절친이다. 대화의 내용도 무궁무진하고 대화의 수준도 상당하다! 세상에 이렇게 마음이 잘 통하는 친구가 어디 있단 말인가! 마음에 꼭 드는 베스트 프렌드랑 평생 절친하며 나이 들어갈 생각을 하면 저절로 미소가 지어진다. 참 설레는 인연이다.

"엄마, 전생에 우리는 서로 부부였나 봐!"

딸이 늘 이렇게 말하곤 했었다. 부부였더라도 이렇게 서로 잘 맞는 부부는 세상에 없을 것이다. 어쩌자고 우리가 이렇게 자꾸 닮아 가는지! 앞으로 어디까지 닮아갈 것인지! 누가 누구를 자

278

♥
가짜부모 진짜부모

꾸 닮아가고 있는지! 너무 좋기도 한데, 한편 책임감이 많이 느껴진다.

"딸아, 엄마가 의논할 일이 있는데, 언제 시간 있을까?"
딸이 사춘기 시절 엄마인 내게 자주 했던 이 러브콜을 이제 내가 딸에게 하고 있다. 난 이제 삶의 조그마한 매듭이라도 풀리지 않으면 딸을 찾는다. 딸이 그 매듭을 푸는 법을 신통방통하게도 잘 알려 준다. 내가 미처 깨닫지 못하고 있는 것까지도 금방 알아채서 넌지시 알려준다. 딸이 시키는 대로 하면 일이 술술 풀린다. 세상에 이렇게 나를 잘 상담해주는 맞춤상담자는 없다. 앞으로 평생 맞춤상담자를 곁에 두고 살아갈 수 있게 되었다. 이런 호강이 어디 있을까! 이런 호강 받으려고 내 딸 키운건 아닌데, 어쩌랴! 그냥 나에게 복이 넝쿨째 굴러 들어왔으니! 내 딸은 나의 복댕이이다.

"엄마, 다음에 볼 때까지 우리 열심히 살다가 또 만나서 서로의 삶에 대하여 얘기해 보자."
내가 귀국하는 날, 나를 보내놓고 딸이 카톡에 남긴 글이다. 이제 우리는 서로 성장 배틀을 시작했다. 엄마와 딸로 인연이 되어 살았지만 이제는 한 사람의 성인 대 성인으로 살아보는 것이다.
이제 우리는 서로의 성장의 파트너가 된 셈이다. 누가 이기고 누가 져도 괜찮은 게임이다. 아무나 이겨도 너무나 기분 좋은

279
♥

배틀이다. 결국은 서로가 성장하게 되는 배틀이니까!

하지만 끝까지 정정당당하게 배틀을 해 볼 참이다. 나도 나이 들었다는 것을 핑계로 딸에게 양보할 생각은 전혀 없다. 딸이 혹시 엄마를 앞지르더라도 전혀 기분 나쁠 것 같지 않다. 아니 오히려 마음속으로는 내가 이긴 것보다 훨씬 더 행복해할 것이다. "오예!" 만세라도 부를 것 같다. 이런 성장의 배틀을 평생 하면서 살아갈 성장의 파트너가 내 딸이다.

이제 내 딸도 한 아이의 엄마가 될 나이가 되었다.

"나도 엄마 같은 엄마가 되고 싶어!"

이랬던 말을 떠올릴 수 있을까? 엄마 같은 엄마가 된다는 게 무슨 뜻일까? 내가 딸에게 어떻게 했다는 말인지? 이왕이면 더 잘할 걸 하는 후회는 있지만 내 딸은 내가 한 것보다 더 발전시켜서 자기 자식에게 더 잘할 것이다. 그리고는 또 이렇게 말할 것이다.

"엄마가 가르쳐준 대로 하니까 잘 키워지네!"

그러면 또 내 딸 애기들은 자라면서 엄마인 내 딸에게 이런 이야기를 해 줄까?

"엄마 닮으면 대박이지!"

신은 항상 내 편이었다. 내가 노력한 것보다 훨씬 더 많은 것으로 내게 보답해 주었다. 내가 30점 노력해도 신은 70점 보너스 얹어서 100점이라고 항상 칭찬 듬뿍 해 주었다.

신이 나를 가장 편애한 사건은 내 딸아이의 엄마로 살게 한 일이다. 내 딸을 키우며 살 수 있었던 건 내게 가장 대박 사건이다. 도저히 계산이 되지 않는 보너스로 계속 듬뿍 부어 준다. 이런 복리이자 계산법은 없다. 복리는 세월 갈수록 더 눈덩이다. 앞으로의 내 삶이 더욱 기대된다. 내 딸의 엄마로 사는 삶은 엄청난 행운이다. 난 엄청난 행운의 주인공이다.

부모와 아이 모두에게 행복한 에너지가 팡팡팡 샘솟는 그날까지!

– 권선복(도서출판 행복에너지 대표이사, 한국정책학회 운영이사)

　'부모'라는 또 하나의 다른 이름을 가지고 계신 분들에게 한번 여쭤보고 싶습니다. '아이의 어떤 모습을 볼 때 가장 행복하십니까?' 이 질문을 받은 부모라면 모두 같은 대답을 할 것이라고 생각합니다. 바로 '아이가 행복해하는 모습을 볼 때'일 것입니다. 그렇다면 과연 '아이의 행복'이란 무엇인지에 대한 의문이 생길 것이며, 어떻게 해야 행복해지는지 궁금해질 것입니다. 그 물음의 답을 찾아가는 과정에서 부모들은 많은 시행착오를 겪게 됩니다. 사람마다 가치관이 다르므로 행복에 대한 기준 또한 수천, 수만 가지로 나뉠 수 있기 때문입니다.

현재 초등학교 교사인 옥복녀 저자의 책『가짜부모 진짜부모』는 부모라는 이름을 갖고 있는 사람들에게 '어떻게 하면 행복한 자녀를 만들 수 있는가?'를 알려주는 지침서라고 할 수 있습니다. 부모라고 해서 다 같은 부모가 아니라는 신선한 화두를 제시할 뿐만 아니라, '가짜부모'에서 탈피하여 '진짜부모'가 될 수 있도록 이끌어주는 책입니다. 저자는 아이가 행복하려면 우선 부모가 행복해야 한다는, 너무나 간단하지만 흔히들 잊고 있는 전제를 다시금 일깨워줍니다. 경쟁 사회에서 살아남아 성공한 아이로 키워내기 위해 아이들의 행복과 자신의 행복은 뒷전이 되어버린 가짜 부모들에게, 행복한 아이가 훌륭한 아이가 된다는 메시지를 전달해주고 있습니다.

부모라는 이름이 가끔은 버겁게 느껴지기도 하고, 부담으로 다가오기도 합니다. 그러나『가짜부모 진짜부모』를 통해 그 부담을 떨쳐버릴 수 있을 것이라 자부합니다. 슬하에 둔 딸을 '행복이 최고인 아이'로 키워낸 저자의 결코 어렵지 않은 노하우들이 가득 담겨 있습니다. 이 책을 읽으시며 변화의 걸음마를 시작한 모든 독자들의 삶에 행복과 긍정의 에너지가 팡팡팡 샘솟으시기를 기원드립니다.

하루 5분 나를 바꾸는 긍정훈련
행복에너지

'긍정훈련'당신의 삶을
행복으로 인도할
최고의, 최후의'멘토'

'행복에너지
권선복 대표이사'가 전하는
행복과 긍정의 에너지,
그 삶의 이야기!

인터파크
자기계발 분야 주간
베스트 1위

권선복 지음 | 15,000원

권선복

도서출판 행복에너지 대표
지에스데이타(주) 대표이사
대통령직속 지역발전위원회
문화복지 전문위원
새마을문고 서울시 강서구 회장
전 팔팔컴퓨터 전산학원장
전 강서구의회(도시건설위원장)
아주대학교 공공정책대학원 졸업
충남 논산 출생

책 『하루 5분, 나를 바꾸는 긍정훈련 - 행복에너지』는 '긍정훈련' 과정을 통해 삶을 업그레이드하고 행복을 찾아 나설 것을 독자에게 독려한다.

긍정훈련 과정은 [예행연습] [워밍업] [실전] [강화] [숨고르기] [마무리] 등 총 6단계로 나뉘어 각 단계별 사례를 바탕으로 독자 스스로가 느끼고 배운 것을 직접 실천할 수 있게 하는 데 그 목적을 두고 있다.

그동안 우리가 숱하게 '긍정하는 방법'에 대해 배워왔으면서도 정작 삶에 적용시키지 못했던 것은, 머리로만 이해하고 실천으로는 옮기지 않았기 때문이다. 이제 삶을 행복하고 아름답게 가꿀 긍정과의 여정, 그 시작을 책과 함께해 보자.

『하루 5분, 나를 바꾸는 긍정훈련 - 행복에너지』

가슴 설렌다, 오늘 내가 할 일들!

김종호 지음 | 값 15,000원

『가슴 설렌다, 오늘 내가 할 일들!』은 저자가 '프로회계사'라는, 37년의 외길 인생을 걸어오면서 보고 듣고 느끼고 경험했던 의미 있는 이야기들을 엮은 책이다. 단순히 돈을 받고 일하는 아마추어의 삶이 아니라 자신의 일을 즐기면서 고객을 위해 봉사하는 프로의 삶이 무엇인지 잘 보여주고 있다.

내 마음 안아주기

김소희 지음 | 값 15,000원

아픈 가슴 끌어안고 살아가는 이들에게 '토닥토닥' 작지만 한없이 따스한 온기와 위로를 전하는 책 『내 마음 안아주기』는 한국토닥토닥연구소 김소희 소장의 첫 번째 책이다. 아픈 가슴을 끌어안고 살아가는 수많은 현대인들에게, 자기 자신과 삶 자체가 얼마나 소중하고 아름다운 것인지 깨닫게 해 줄 것이다.

중년의 고백

이채 지음 | 값 13,500원

『중년의 고백』은 노을이 물드는 가을날 들판을 수놓은 코스모스처럼, 어딘지 수줍은 모습이지만 한편으로는 당당한 중년의 고백들을 담아내고 있다. 이미 제7시집 『마음이 아름다우니 세상이 아름다워라』가 2014년 세종도서에 선정되며 문학적, 대중적으로 실력을 인정받은 시인의 이번 시집은, 전작을 넘어서는 통찰과 혜안, 관능미로 가득하다.

성공하고 싶은 여자, 결혼하고 싶은 여자

김나위 지음 | 값 13,800원

현재 조직성장, 인재양성, 라이프 컨설팅 전문가로 활동 중인 김나위 소장의 책 『성공하고 싶은 여자, 결혼하고 싶은 여자』는 이제 막 사회에 발을 들여놓은 2, 30대 여성은 물론 지금까지의 인생을 돌아보고 앞으로의 삶에 새로운 활력을 불어넣을 계기를 찾고 있는 4, 50대 여성들까지 꼭 한 번은 유심히 읽어봐야 할 내용들을 담아냈다.

사람이 행복이다
최세규 지음 | 값 13,800원

책 『사람이 행복이다』는 총 26장으로 구성되어 저자 최세규, 그가 걸었던 인생길의 곳곳을 담담하게 보여주고 있다. 그것은 한 개인의 역사에 머물 수 있으나 그가 건네는 인생길을 천천히 더듬어 가다 보면 그곳에 저자가 열망하고 행복을 느끼고 성공을 보는 사람의 아름다운 기운을 감지할 수 있을 것이다.

눈부신 희망
이건수 지음 | 값 15,000원

182 실종아동찾기센터 '이건수 추적팀장'은 평생 실종자를 찾기 위해 모든 열정과 에너지를 쏟아 온 참된 경찰관으로 평가받는다. 그의 책 『눈부신 희망』 역시 실종자 가족들에게 마음의 평온과 희망을 전달하기 위해 저자가 평소 가졌던 생각들과 신앙에 대한 이야기들을 담아냈다.

대학생이 바라본 파워리더 국회의원 33인
권선복 엮음 | 값 20,000원

책 『대학생이 바라본 파워리더 국회의원 33인』은 대학생과의 인터뷰를 통해 열심히 의정활동을 펼치고 있는 국회의원 33인의 숨겨진 이야기, 생생히 다가오는 그들의 진솔한 삶과 열정을 담아 낸 책이다. 우리 청년들과 국회의원들의 작은 만남으로 엮은 이 한 권의 책이, 온 국민의 행복한 삶을 이룩할 작은 씨앗이 되어 줄 것이다.

명강사 25시: 고려대 명강사 최고위과정 2기
구자현 외 22인 지음 | 값 20,000원

『고려대 명강사 최고위과정 2기 - 명강사 25시』는 고려대 명강사 최고위과정 2기 수료생의 각기 다른 인생 여정 속 풀어내지 못한 무수한 질문들을 함께 고민하고 그 결과물을 함께 들려주는 자리라고 할 수 있다. 다양한 분야, 다양한 이야기로 삶의 지혜와 노하우, 혜안과 성찰을 전한다.

중국 사회 각 계층 분석

양효성 지음, 이성권 번역 | 값 27,000원

"한중 수교 20여 년, 우리는 과연 중국에 대해 얼마나 깊이 알고 있는가?" 중국의 발자크라 불리는, 중국 최고의 知靑 양효성의 10년에 걸친 역작! 이 책은 모택동 사후 시기의 중국(中國) 사회를 가장 심층적으로 분석하고 있다. 인문학적 시각으로 들여다본 중국사회에 대한 깊은 연구는 대한민국의 성장과 밝은 미래를 위한 하나의 전환점을 제시하고 있다.

제안왕의 비밀

김정진 지음 | 값 15,000원

『제안왕의 비밀』은 대한민국을 대표하는 14인의 제안왕 이야기를 담아내고 있다. 자신의 삶은 물론 몸담고 있는 조직까지 변화시키는 제안의 놀라운 비밀을 이야기한다. 제안 하나로 청소부, 경비원, 기능공에서 대기업 임원, 교수, CEO로 등극하는 드라마 같은 인생이 펼쳐진다. 또한 제안왕이 되기 위해 반드시 숙지해야 할 십계명과 비결 등을 공개한다.

그대, 늦었다고 걱정 말아요

감민철 지음 | 값 13,800원

『그대, 늦었다고 걱정 말아요』는 바로 이렇게 힘겨운 시기를 보내고 있는 젊은이들에게 따뜻한 위로의 메시지를 전하는 책이다. 현재 주어진 암울한 환경이 아닌, 어려움을 통해 더욱 성장하게 될 미래의 자신을 바라보라고 주문한다. 우리가 늘 부정적으로만 여겼던 고난의 진정한 의미는 과연 무엇일까? 지금 이 책에서 그 해답을 확인해보자.

주인공 빅뱅

이원희 지음 | 값 13,800원

세상의 기준은 상대평가에 따르기 때문에 항상 서로를 비교하게끔 만든다. 그 과정에서 우리는 우월감과 열등감을 오가며 천국과 지옥을 경험하곤 한다. 하지만 『주인공 빅뱅』은 그러한 악순환에서 벗어나 자기 자신이 평가의 기준이 될 것을 권한다. 스스로가 객관적으로 자기 자신을 평가함으로써 정서적·지적·영적·인격적 성장을 이룰 필요에 대해 강변한다.

압둘라와의 일주일

서상우 지음 | 값 12,500원

『압둘라와의 일주일』은 누구나 한번쯤은 고민해봤을 본질적인 인생의 문제들을 풀어나가고 있는 책이다. 특히 '압둘라'라는 인물을 통해 어려운 고민들에 명쾌하게 답하는 형식을 취하고 있는 점이 흥미롭다. 아무리 상처받고 버림받는 아픔을 경험했을지라도 이 세상에 소중하지 않은 사람은 없다. 그렇기에 이 책의 주인공은 당신이라고 저자는 이야기한다.

제4차 일자리 혁명

박병윤 지음 | 값 15,000원

JBS일자리방송의 박병윤 회장이 전하는, '일자리 혁명을 통해 선진국으로 도약할 대한민국의 청사진'을 담은 책이다. 현재 대한민국의 일자리 문제가 현 정부에서 추진하는 창조경제 정책이 올바로 시행되지 않고 있음에서 그 원인을 찾고 '방통융합 활용 일자리창출 콘텐츠'의 실행을 통해 일자리 혁명을 일으켜 해결책을 찾을 것을 제안하고 있다.

금융회사의 내부통제

김양권 지음 | 값 25,000원

선진은행들은 우리나라보다 더한 성과주의 문화 속에 살고 있지만 그들의 금융사고는 우리보다 훨씬 적다고 한다. 이 책은 그 이유는 무엇인지를 세심히 살펴보고, 오랫동안 선진국의 금융관행을 보고 배웠음에도 우리 금융회사들이 놓치고 있는 것에 대해 제시한다.

나의 살던 고향은

강순교 지음 | 값 15,000원

연어처럼 삶을 다하기 전에 거세고 잔인한 현실의 물살을 거슬러 고향과 고국을 찾아온 저자의 인생사는 그 자체만으로도 충분히 감동적이다. 그래서 이 책은 한 개인의 위대한 역사일 뿐 아니라 궁극적으로 통일이 되어야 할 이유를 독자들의 가슴에 깊이 새겨주고 있다.